「食」の図書館

デーツの歴史

DATES: A GLOBAL HISTORY

NAWAL NASRALLAH
ナワル・ナスラッラ【著】
野村真依子【訳】

原書房

目次

［……］は翻訳者による注記である。

「食」の図書館

デーツの歴史

序章◉デーツとは

ナツメヤシはこの平坦な国の全域に生い茂っており、その大部分が実をつける。この果実は人々にパンと果実酒とハチミツをもたらす。

——ヘロドトス（紀元前484〜425年）によるバビロニアの描写

デーツは、熟し具合に3つの段階がある珍しい果実である。完全に熟していてもまだ固いときは、明るい黄色か赤色で、シャリシャリとした歯ごたえがあり、ジューシーでほんのり甘い。さらに熟すと、上部から萼《がく》へ向かってしだいにやわらかくなっていく。この段階のデーツには、固くて黄色や赤色をしている部分と、水分が多く褐色で透明に近い部分がある。その後、果実全体がやわらかくなって歯ごたえがなくなり、甘みが増して果汁が多くなる。そのまま樹上で太陽に当てて乾燥させると、皮にしわがよって色が濃くなる。そのうちに、おいしそうなねっとりとした歯触りのデーツができあがる。厳密には、収穫直後に食べるデーツには生の果実と表示できるのだが、この段階に到達したデーツは、実際は最も乾燥した状態なので、ドライフルーツと表示される。デーツはこの段階で貯蔵して世界中に輸出され、デーツの種類によってソフトデーツ、セミドライデーツ、ドライデーツと銘打って販売される。

デーツがほかの果実に勝る点は、生の果物や食後のデザート、間食として食べておいしいだけでなく、ナツメヤシの生育に最も適した乾燥地帯ではデーツが食事そのものにもなることだ。デーツは値段が手頃でカロリーが高い、つまり主食となるものであって、母なる大地がより豊かな恵みをもたらしてくれる世界のほかの地域で言えば、小麦やジャガイモや米に匹敵する。「砂漠のパン」や「貧乏人のケーキ」と呼ばれるほどだ。乾燥した状態のデーツは、世界の飢餓と闘ううえで大きな役割を果たせる作物である。近代以前には、交易と探検の旅で長期間外洋に留まるアラブの船乗りにとって、命をつないでくれる食べ物だった。そして何よりも、彼らはデーツのおかげで、ヨーロッパの船乗りがよく罹っていた壊血病（ビタミンC欠乏症）の危険を免れられたのだ。

ナツメヤシ自体はとくに変わった木ではない。1本立ちの幹の頂点から常緑の羽状葉が太陽光線のように放射状に伸びる、美しい高木である。驚くほどよく茂り、しかも多目的に利用できる木だ。ナツメヤシは、ほかの樹木があまり生えない乾燥地帯で繁茂する。原産地

赤く熟したイラクのベルベン種のデーツ。このハラール段階ではまだ固く、甘みは強くない。

黄金色に熟したハラール段階のデーツの房。まだ固く歯ごたえがあり、わずかに渋みがあって甘みは強くない。

は、旧大陸のアフリカ北西部と北部に沿った地域、とくにサハラ砂漠のオアシスから、西南アジアを経て、インドとパキスタンに至る地域である。今日のヨーロッパで栽培が商業的に成功しているのはスペインのエルチェだけだが、新大陸では主にカリフォルニア南部の高温で乾燥した地域でよく育っている。南半球では、アフリカのナミビアやオーストラリア・ノーザンテリトリー州のアリススプリングスなど、乾燥した土地での栽培が拡大しつつある。

学名は *Phoenix dactylifera* で、一般には「ナツメヤシ」と呼ばれる。必ずしも食用に適さない多くの近縁種と区別するため、「本物のナツメヤシ」や「食用ナツメヤシ」と呼ばれることもある。近縁種としては、小型のシンノウヤシ（学名 *P. roebelenii*）とカナリーヤシ（学名 *P. canariensis*）がある。このふたつの種は主に観賞用である。樹液から砂糖をつくるために栽培されるサトウナツメヤシ（学名 *P. sylvestris*）は、ナツメヤシとよく似ているが果実は食べられない。この種は食用ナツメヤシの先祖だと考えられている。

◉名前に込められた意味は？

この果実は栄養に富むだけでなく多量の果汁も含むため、非常に重宝されている。東方の主要な果実酒はこの果物からつくられる。こうした果実酒は頭脳に悪影響を及ぼすことが多く、そうした事情がこの果物の名前の由来である。
——大プリニウス（西暦23〜79年）による中東のデーツ品種「カリオテ」（「愚かな頭」の意）の記述[1]

学名の *Phoenix dactylifera* は古代ギリシアにおける呼称に基づいたもので、地中海とヨルダン渓谷に挟まれた細い海岸地帯の古代名、フェニキアに由来する。これは現代のレバノン、およびシリア、イスラエル、パレスティナのそれぞれ一部にあたる。フェニキアはギリシア語で「紫色の土地」を意味するが、そう呼ばれたのは有毒なアクキガイから採れる紫色の染料で知られていたからである。この地域にはナツメヤシが多かったため、ギリシア人はここが原産地だと考えた。それでナツメヤシをフェニックス（フェニキアの木）と名づけ、この木を地域のシンボルと位置づけた。ナツメヤシはフェニキアの貨幣とシチリアで鋳造されたカルタゴの貨幣に彫られている。カルタゴ人の言語、ポエニ語が読めないローマ人にとって、金貨のナツメヤシは、現在のチュニス近辺に古代都市カルタゴを築いたフェニキアを象徴するものだった。

しかし、それよりもロマンティックなのは、不死身の火の鳥をめぐる魅力的な物語にナツメヤシを結びつけたギリシア神話である。大プリニウスは1世紀のはじめに書かれた『博

アラビア半島の南東の角にあるオマーンのナツメヤシ園。この地域ではナツメヤシ栽培が農家の収入の支えである。

物誌』のなかで、アラビアの砂漠に住むというフェニックスの伝説を次のように伝えている。フェニックスは500歳まで生き、1度に1羽しか存在しなかった。決まってナツメヤシの古木の頂に桂皮の小枝と乳香で巣をつくったものだ。500年が過ぎると、太陽によって燃え上がった炎で自らを焼き、その灰から新たにフェニックスの雛が生まれることになっていた。500年経つと卵をひとつだけ生み、ドラゴンの血と乳香と没薬の薪のなかで自分に火をつけるという説もある。この物語のなかでプリニウスが言及するナツメヤシの古木は、シャグリ種という特別な品種で、説明はさらに続く。

紀元前350〜320年頃のカルタゴ（現在のチュニス近辺）で使われていた0.9gの1/10シェケル金貨。ギリシア人がフェニックス（「フェニキアの木」の意）と呼んだナツメヤシが描かれている。カルタゴはフェニキア人の植民都市だった。

私たちは、この木に関しても不思議な話を耳にした。この木は、フェニックスと同じように枯れたあとに生き返るというのだ。一般に、フェニックスはそのような特殊な性質

火の鳥、すなわちフェニックスの古代伝説を描いた伝統的なイラン絨毯のモチーフ。火の鳥はナツメヤシの古木の頂に桂皮の小枝と乳香で巣をつくった。ここでは、左下隅に様式化した形で示してある。

を備えるために、ナツメヤシにちなんだ名前をつけられたのだと考えられている。私がこれを書いている時点で、その木はあいかわらず実をつけている。[2]

フェニックスとナツメヤシの伝説は、エジプトに起源があると言われる。紀元前5世紀のヘロドトスの記述によると、フェニックスは神話上の神性な雌の火の鳥で、羽は美しい金色と赤色である。アラビアのどこかで灰からよみがえったのち、年老いた親鳥の灰を没薬でできた卵に入れて運び、エジプトの都市ヘリオポリス（ギリシア語で「太陽の都」の意）に置くのだという。

エジプト神話では、フェニックスはムラサキサギを意味する「ベンヌ」という名で呼ばれる。『死者の書』などの文書では、ベンヌはヘリオポリスにおける信仰と太陽神ラーの聖なる象徴のひとつだと述べられる。興味深いことに、ナツメヤシと甘いものの両方にこの神話上の火の鳥と同じ「ベンヌ」という名がつけられている。

ところが、中世のアラブ・イスラムの伝承では、伝説のフェニックス（アラビア語ではアンカー）とナツメヤシは結びつけられていない。アラビアの木とフェニックスにまつわる異国情緒あふれる伝説を継承してきたのは、オウィディウスやダンテやシェイクスピアの作品に見られるように、古代以降のヨーロッパの伝承である。シェイクスピアが、「不死鳥と雉鳩」

ナツメヤシの幹の頂から太陽光線のように放射状に伸びる常緑の羽状葉。

という詩のなかで「アラビアにたった1本しかない木」と描写した木は、一般にナツメヤシだと考えられている。

ひときわ声高に鳴く鳥に
アラビアにたった1本しかない木の上で
悲しみの訪れを告げさせよ
その音に慎み深い鳥たちは従う

このような寓話が誕生した背景のひとつに、ナツメヤシ自体の変わった成長のしかたがある。W・F・ウィグストンの記述によると、

ナツメヤシは毎年、中心から枝を投げかけ、枯れつつある古い枝は珍しい方法で木の皮を形成するが、それが死と再生の繰り返しを示唆するのだ。[3]

そのうえ、デーツの種子は長年休眠していても好条件がそろえば発芽できることが知られている。そう聞くと、つい数年前に行われた実験が思い出される。2000年前のデーツ

ペルシアの詩人ニザーミー作『ハムセ（五部作）』の一葉で、ナツメヤシ園にいるライラとその従者たちを描いたもの。ライラは古典アラビア文学で最も有名なラブストーリーの中心人物である。紙に不透明水彩、インク、金。1548年、イランのシーラーズ。

の種子が死海のそばで発見され、それが絶滅したユダヤのナツメヤシの種子であることがわかった。いくつかの種子を特殊な成長ホルモンで処理したところ、数週後にそのうちのひとつが発芽したのだ。科学者たちはそれを、メトシェラ［長命で知られる聖書の登場人物］と名づけた。[4]

ナツメヤシの学名の後半、dactylifera は、「デーツ」を意味する dactylus（ギリシア語では daktylos）と「実をつける」を意味する fero を組み合わせたものだ。ギリシア語の daktylos はもともと「指」を意味し、それが細長いデーツそのものを指すようになった。2世紀には、指とデーツの結びつきはすでに定着していた。アルテミドロスの『夢判断の書』では、何らかの胃の病気に苦しむ男が治療の神に病を治してくれるようにと祈る。夢のなかでこの神の神殿を訪れた男は、神に右手の指をつかまれ、それを食べるように言われる。目を覚ました男がすぐにデーツを5つ食べると、病気が治ったということだ。アルテミドロスは、ナツメヤシになるデーツは「指」と呼ばれると説明している。

一部の研究者は、daktylos はセム語の語根 d-q-l に由来するヘブライ語とアラビア語の deqel/dekel[5] に関係があるのではないかと言う。アラム語の diqla は「ナツメヤシ」と「ヤシのマスト」を意味し、シリア語の deql は「ナツメヤシ」の意である。これらはあまりにもよく似ているので、偶然として片づけることはできない。また、ティグリス川がシリア語で

Deqlat と呼ばれることにも興味をそそられる。アッカド語では Idiqlat/Idiglat（シュメール語の idekelet）、ヘブライ語では Hiddekel、アラビア語では Dijla だ。ティグリス川がもともと「ナツメヤシ川」だった可能性は非常に高い。

ヨーロッパの言語はギリシア語に由来する dactylifera を採用し、イタリア語では dattero、フランス語では datte、スペイン語では datil、英語では date になった。ところが、ポルトガル語でナツメヤシを表す言葉として選ばれたのはヘブライ語とアラビア語の tamar/tamr で、これはもともとセム語の語根 t-m-r から派生している（名詞 tam[a]r はナツメヤシとデーツを意味する）。おそらくアッカド語の damu（血）に由来するのだろう。通常は赤みがかった褐色になる完熟デーツを形容した言葉にちがいない。

tamr と tamar に関連する言葉として tamur がある。中世アラビア語の辞書では、それが心

ヘブライ語では、ナツメヤシを意味するタマルは女の子の名前でもある。ニザーミー作『ハムセ（五部作）』の挿絵の細部。1462年。

ナツメヤシの成木。その子供である側枝に囲まれている。

臓、および血や赤みなど心臓に関連するものを指すと説明されている。この言葉には、「滋養分」や、「高くまっすぐに立つもの」という意味もある。どちらの意味も、ナツメヤシにぴたりとあてはまる。

ヘブライ語でナツメヤシを指すtamarは女の子の名前でもある。旧約聖書には、ダビデ王の息子アブサロムには「美しい妹がいて、その名をタマルといった」とある。タマルの美貌

ナツメヤシの幹には、ほかの木であれば樹齢を示す年輪がない。主な成長点は幹の先端で、葉が枯れたらその根元を切り落とすことによって幹を保護し、強化する。

は、「美しい面立ちの女性」という描写でさらに強調されている（サムエル記下13:1）。

古代ギリシア語とラテン語では、古代の南ヨーロッパに生えていた食用ナツメヤシとその近縁種である観賞用の小型のヤシがpalmaと呼ばれていた。一部の研究者は、palmaはtamarが訛ったものだろうと主張している。聖書に登場する都市タドムル（Tadmor）がギリシア・ラテン語ではパルミラ（Palmyra）になる変化と似ているのだ。[6]

◉デーツの解剖学

Ｅ・コーナーは名著『ヤシの自然史 *Natural History of Palms*』で、ヤシ科全般は「ある植物のあるべき姿を、通俗的な面からであれ哲学的な面からであれ、完璧にとらえたもの」だと述べている。ヤシは地球上のすべての温暖な地域の「風景に、ごく単純な形で自らを印象づける」のだという。コーナーの説明は続く。

私たちに言えるのは、ヤシがほかのどの顕花植物とも同じくらい古い――それより古いわけではないにしても――こと、そのほかの植物が現代に見られるような樹木や蔓性植物や草木へと突き進み、分岐し、伸び、ゆがみ、単純化してきたのに反して、ヤシはそのままの姿で持ちこたえてきたことである……原始的で統一のとれた、かつ存続能力の

繊維状の葉鞘に守られた若葉。

あるヤシは、進化に対する挑戦である。[7]

成木になったナツメヤシの平均樹高は、約15メートルを超える。成長はゆっくりで、6年から16年ほど経つと多数の吸枝が根元から生えてくる。木は樹齢100年で最盛期に達する。

下から上へ向かって説明しよう。大半の樹木とは異なり、ヤシには主根がない。その代わりとなる根がひげ根である。幹の根元からは多数の二次根が生え、その二次根からさらに多数の小さな根が出てくる。二次根には膨大な数の空洞がある。水が継続的に供給されるのであれば、ヤシはこのようなシステムによって、腐るリスクを冒すことなく、大量の水に持ちこたえ、その水を吸い上げることができる。ヤシは新鮮な水を好むのだ。

大半の樹木の幹とは異

ナツメヤシの幹のさまざまな部分から生えている側枝。大部分は最も湿った根元から生えてくる。

なり、ヤシのただ1本の円柱状の幹は、生存に必要な葉の茂った樹冠が十分に発達したあとは、年をとっても太くならない。この状態に達するのは、幹が地上高くまで伸び、枯れ葉ですっかり覆われた頃である（通常、枯れ葉は取り除かれる）。幹の断面を見ると、裸眼でも、膨大な数の丈夫な繊維からできた目の細かい網が幹に沿ってずっと延びているのがわかる。これは木の維管束であって、動脈のように栄養のある樹液を下から上まで運ぶ。維管束はすべて固い組織で囲まれ、その固い組織は葉状体の基部に囲まれている。このような構造を備えるヤシの幹は、ほかの樹木よりも頑丈で回復力が高い。

幹の先端には大きな頂芽《ちょうが》があって、ナツメヤシの成長期間を通じてそこから若い葉が伸びてくる。これはナツメヤシの心臓、あるいは脳にあたる。ここを切除すると木は枯れてしまう。それぞれの葉は、中肋《ちゆうろく》と呼ばれる長くて頑丈な中心軸と、細長く先端が針のように尖った羽状の小葉を備え、木が風で揺さぶられたり折れたりしないように保護している。中肋の下部に沿って非常に鋭い棘が多数生えるが、この棘は頂芽が大型動物によって傷めつけられないよう保護するのに役立つ。小葉の外皮は非常に丈夫で、風塵にさらされても葉が傷まないようになっている。この外皮は、その下にある細胞を乾燥から保護する役目も担う。葉状体は水に強いため、船乗りが漁の道具を編むのに活用される。頂芽の中心に近い、ほかよりも小さく若い葉は、葉の成長に従って伸びる繊維質の葉鞘で守られている。伸びた葉鞘はそ

ナツメヤシの雄花の花房は、密集した小枝のように見える。

デーツは萼を介して茎に直接ついている。

こに留まり、丈夫な繊維の網で葉の基部を取り囲む。成長期の小さな葉は、先に伸びた「兄たち」によって太陽の熱から常に守られている。

ナツメヤシが成長すると、吸枝とも呼ばれる側枝が生えてくる。側枝は、葉の柄の基部と幹に挟まれた上側の角にある、小さな発疹のような未発達の小さな芽から伸びてくる。このような芽は幹に沿ってどこにでも現れる可能性がある。この位置であれば、芽は常に葉の基部に守られる。その大部分は発達しないが、発達した場合は吸枝になる。芽は何年も休眠したのち、成長を始める。一般に成長の引き金となるのは、湿った面と長期間にわたって接触することである。そのため、側枝は地面より上で発達することもあるとはいえ、通常は湿った地面に近い幹の根元から出てくる。

春には、雌雄の仏炎苞《ぶつえんほう》が樹冠を形成する葉の基部の間から出てくる。これは丈夫で革のように固い、細長い覆いで、中には花序と呼ばれる花房が入っている。最初は緑色だが次第に褐色になり、完全に熟すと太陽の熱で乾いて収縮する。そうするとぱっくり割れて花房が現れる。それぞれの花房は、中心茎に50本から150本あまりの小枝が放射状についていて、ほうきのように見える。1本1本の小枝についた多数のかよわそうな小花は、受粉の準備が整うまで固い仏炎苞に保護されている。

雄花の花序の花には、黄色い花粉の入った袋が備わっている。通常、この花粉嚢は仏炎苞

さまざまな熟し具合のデーツがついた茎。

がぱっと開いてから数時間以内に開く。雌花の花序でも、受精の準備が整うと同じことが起こる。雌花が楕円形の真珠のような形状で黄色いのに対し、雄花は星形で白く蝋質である。雄花の花房は密集した小枝のようで、長さは約15センチ、雌花の枝はその2倍の長さがあり、雄花ほど密集していない。雄花の花序を軽く振ると黄色い花粉が舞い上がる。ごくまれに、1本のナツメヤシが雌花と雄花の両方をつけることがあり、この場合は雑性とみなされる。花も実もつけていない状態では、木の雌雄を判別することは難しい。

デーツは漿果《しょうか》である。ひとつの子房からひとつの果実ができる種類の果物のことだ。花には3つ心皮（雌の生殖器）があり、受粉するとそのひとつだけが発達し、ほかのふたつは働きを止める。デーツには種（核ともいう）がひとつだけ入っている。受粉しなければ、デーツが大きくなってもまったく種ができなかったり、種ができても小さく変形していたりする。いずれにしても、果実が固く、皮が光沢のある黄色や赤色になる第一段階までしか熟さない。

デーツは房状に実をつける。それぞれの房に中心となる茎（軸）があり、そこから多くの茎が枝分かれする。デーツは蕚を介して茎に直接ついていて、水分が多くやわらかくなった成熟段階では、実は核と蕚だけを茎に残して簡単にはずれる。

第1章◉デーツが実るまで

側枝は、女性的な性質と「湿」の体質をもつ男性が植えるべきである。植えるときは陽気に笑い、冗談を飛ばさなくてはならない。そんな気分ではない場合も、少なくとも楽しそうなふりをするべきである。こうすると、ナツメヤシは健やかに成長するだろう。

――イブン・ワッシーヤ『ナバテアの農業 *Nabatean Agriculture*』（10世紀、イラク）

ナツメヤシは頑丈な木かもしれないが、期待どおりの実りを得るためにはしっかり世話をする必要がある。一言で言えば、日当たりがよく気温の高いところに植えて、十分に水をやることだ。昔のアラブ人が言ったように、ナツメヤシは足元が水に漬かり、頭が天の火に包まれているときが最も幸せなのだ。ナツメヤシと人間が似ていることは、古代と中世のアラ

根が水につかり頭部が「天の火に包まれ」た、ナツメヤシ栽培に理想的な場所。イラク南部のバスラ、1944年。

ブの伝承で繰り返し強調されている。ナツメヤシの頂芽は、脳がある頭部にあたる。木は、ストレスがかかったり心に深い傷を受けたりすると、心臓発作を起こしたかのように急死するということだ。ある物語によると、1本のナツメヤシが、預言者ムハンマドはいつもナツメヤシの幹のそばで説教をするのに自分のところでは説教をしなかった、と不満をもらした。そこでムハンマドはその木を祝福しに行き、連れの者にこう言った。「この木は、私が祝福しなかったら復活の日まで不平を言い続けていただろう」[1]

ナツメヤシは人間のように社交的だと言われ、活気にあふれる場所では調子がよい。病気

イラクのサービア教徒（スッバ）による、ナツメヤシ、すなわちシンディルカ（「月への道」の意）をかたどった典型的な金属細工。この教団は古代メソポタミアの時代から存在すると信じられている。

バビロニアから捕虜の女性が連行される様子を描いた石灰岩のレリーフ。バビロニアではナツメヤシが見事に育っている。アッシリアの王センナケリブの治世（紀元前705～681年）のもの。

や酷暑に見舞われると枯れることがある。女性のように、太りすぎたり痩せすぎたりすると「妊娠」しにくくなる。女性と同じく、ナツメヤシの雌株は「精液」によって妊娠するが、受精が成功する確率はさまざまである。また、月の影響を受けると言われている点でも女性と似ている。側枝を植えるのに最適なのは満月のときで、その際、陽気なにぎわいを好む月の女神に木が祝福してもらえるように、植える人は楽しそうにしていなければならない。[2]このような月との深い関係は、興味深いことに、現代イラクに存在する古い宗教集団、サービア教徒（現地ではスッバと呼ばれる）の言語にも反映されている。彼らはナツメヤシのことをシンディルカ、つまり「月への道」と呼ぶのだ。

ナツメヤシの恵みを受け取るには、農家は忍耐強くなくてはならない。側枝が言ってみれば自立し、実をつけるようになるまでには数年かかる。バビロニアのハンムラビ王（紀元前1728～1686年）が定めた法典の一条には次のように書かれている。

> 地主が、庭師に土地を与えて果樹園を整備させる場合、庭師は4年かけて果樹園を整えるものとする。5年目に果樹園の所有者と庭師は収穫を等分に分け合うものとする。

それまでの間、庭師はほかの作物で持ちこたえなければならない。そのひとつの手は、ほ

サウジアラビア東部のオアシス地帯アハサーでナツメヤシの木に登る人。

かの種類の樹木や薬草を間作することだが、この方法は別の理由でも好都合だ。背の高いナツメヤシによって形成される林冠が木陰をつくり、ほかの作物を守るからである。古代シュメールの文書には、ナツメヤシとともに、ザクロ、リンゴ、モモ、イチジク、アンズ、プラム、ブドウ、かんきつ類などほかの果樹が植えられていたと書かれている。これらの果樹の下には季節の野菜と薬草が植えられていた。それで、コーランではたいていナツメヤシとほかの果樹が並んで登場するのだ。現在でもナツメヤシの果樹園は同じ方法で運営されている。

高層ビル建設に携わる人と同じく、ナツメヤシの栽培農家は高いところが得意でなければならない。受粉と収穫の季節ともなれば、その作業が行われる高さまで登る必要があるからだ。ヤシに登るには、でこぼこした幹と自分の体にぐるりとロープを巻く。イラクの農家はこのロープをタブリーヤと呼ぶが、その語源は古代メソポタミアで使われていたタバルという言葉にまでさかのぼる。ロープを巻いたら背中側に体重をかけ、一歩ごとにロープをすぐ上の突起まで引き上げながら、文字どおり頂まで歩いていく。この様子は、紀元前2千年紀はじめにシリアのマリ王宮に描かれたフレスコ画に見られる。今でも、同じ方法でナツメヤシに「歩いて」登る人を見ることができる。私は、それほど高くないヤシに、なにも使わずに登る人を見たこともある。

ナツメヤシの木に登るのは見た目ほど簡単ではなく、ヤシ農家の落下事故は、残念ながら珍しくない。古代メソポタミアの文書には、木から落下して亡くなったある農夫が死後に悪霊となり、たびたび幽霊の姿で現れる様子が語られる。この農夫は、次のような生前に不幸だったり不慮の死を遂げたりした多くの幽霊のひとりなのだ。

結婚前に死んだ女性

産褥で死んだ女性
入水自殺した男性
ナツメヤシから落下した男性[3]

カリフォルニア南部のように、ナツメヤシを新たに導入して栽培している地域の現代的な果樹園では、木がまだ低いうちは脚立を使う。木が高くなると、木の頂から鎖で吊り下げた木製のプラットフォームを使用し、1本のはしごを同じ場所からぶら下げたままにしておく。農家は携帯型のはしごを持ち歩いて、ぶら下がっているはしごの下まで登るというわけだ。あるいは、アルミ製の長いはしごを使うという方法もある。アルミ製はしごは比較的扱いやすく、軽量である。

質のよいナツメヤシは、一般に側枝から育てる。側枝は母木のまわりに生えてくる子供で、母木と同じ遺伝子をもつクローンである。通常は3年から5年経ったところで移植する。側枝を母木から分離する作業は、農家にとって非常に重要な仕事である。へその緒を切って母親から赤ん坊を離すようなものだ――この場合、へその緒にあたるのは複雑に絡まった根だが。側枝は、密度が1ヘクタールあたり約125本になるように、約9メートルの間隔をとって植える。ナツメヤシは5年程度で実をつけるようになり、10年で成木になる。ナ

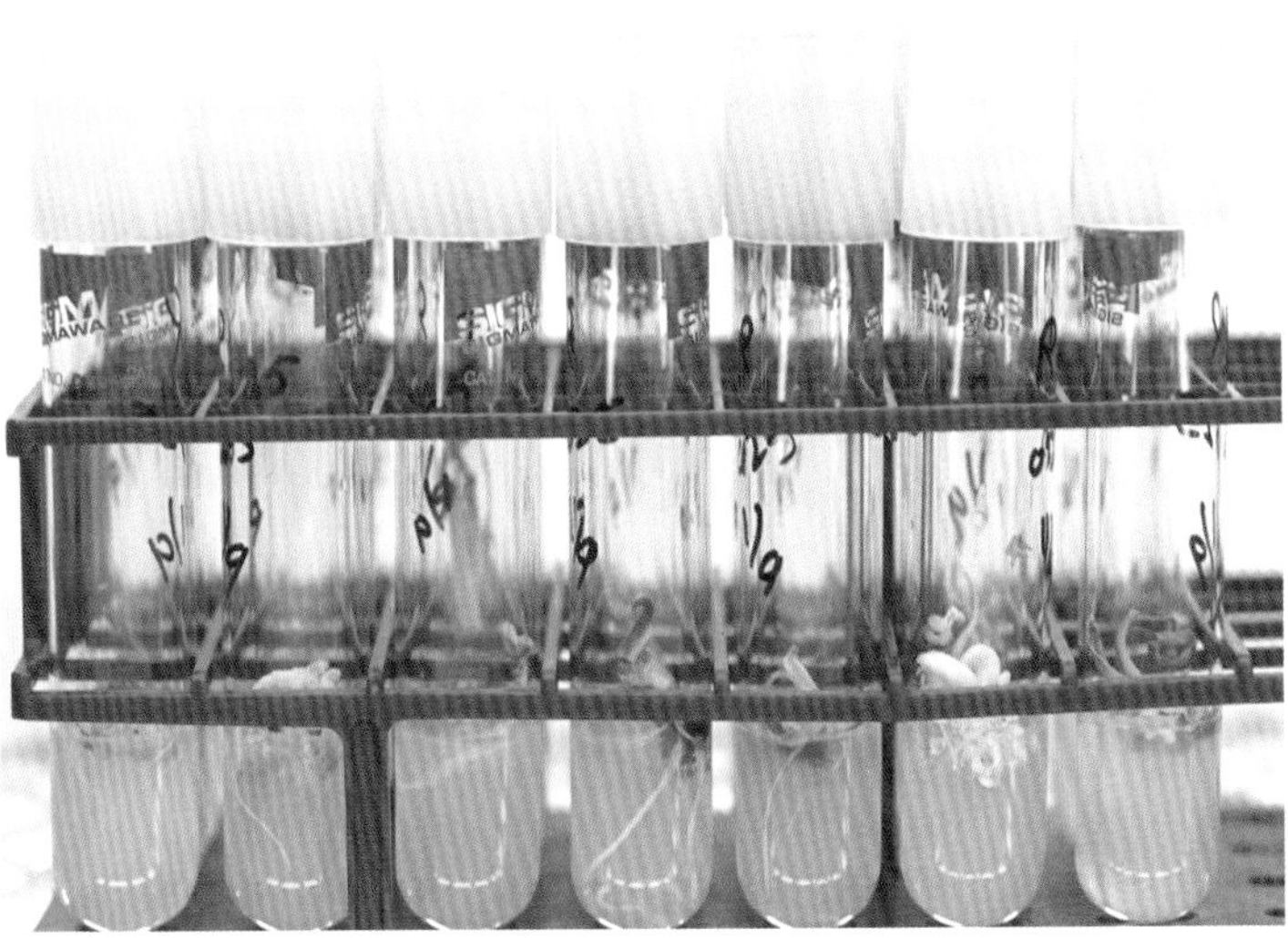

効率的で時間のかからない組織培養は、ナツメヤシの繁殖に使用される最新技術である。

ツメヤシには運河や洪水を利用してたっぷりと水を与える必要があるが、雨はナツメヤシの敵である。雨は花粉と雌しべの柱頭、そして熟しつつあるデーツを傷めるからだ。

最近では、ナツメヤシの繁殖に組織培養技術が使用されている。この方法だと、時間をかけず効率的に、質のよいナツメヤシのクローンをつくれる。組織培養されたナツメヤシは、試験管から7年で最初の収穫にたどりつく。側枝を移植すると、母木から害虫や病気がうつることもあるが、組織培養されたナツメヤシではその心配がない。組織培養をするには、木の芯から非常に小さな芽を切り取り、滅菌溶液に入れる。切り分けられるくらいまで胚が成長するにはおよそ1年かかる。切り分けられた断片は約3か月かけて苗に成長する。さらに6か月経つと、この苗を移植することができる。その後はわずか2、3年で花をつけるようになり、4年目か5年目には十分に成熟して実をつけはじめる。これは側枝を使っ

木の周囲に伸びる側枝は、母木と同じ遺伝子をもつクローンである。

た従来の繁殖方法に比べて3年ほど早い。

◉春の作業

春、農家にとって欠かせない最初の作業は、根元の余分な側枝を取り除くことである。残しておく必要があるのは4本から6本だけだ。側枝をすべて残しておくと、作物の生産性が落ちてしまう。一般に、ナツメヤシが移植に適した側枝を伸ばすのは、樹齢5年から20年までの間である。その後、側枝の数は減る。ある木が望ましい品

側枝の大半は、一般に3年から5年経つと母木から分離される。すべての側枝を残しておくと、木の生産性が落ちてしまうのだ。

花序の葉鞘を保護している硬い棘。ナツメヤシの自己防衛用の武器である。

質を備えているなら、その側枝は多く残すようにする。

次に、枯れた葉状体を切り取り、通常はそれぞれの葉の基部に向かって伸びる棘もできるだけ切り取る。この棘は非常に固く、大怪我のもとになりかねないからだ。自然は、ナツメヤシに自己防衛の武器としてこの棘を授けた。イスラム教の俗説では、この棘はサタンのせいで生えたとされる。言い伝えによると、神はアダムをつくったのち、アダムに髪の毛と爪を切って土に埋めるように言った。するとまもなく、熟したデーツがたわわに実ったナツメヤシの見事な大木が地面から現れ、エデンの園で暮らすアダムに食べ物をもたらした。この奇跡を前にして、アダムは崇敬の念からひれ伏し、神をあがめるようになった。そこへ現れたサタンは、神がアダムに与えた祝福をねたましく思い、激しく嘆いたあまりに怒りの涙が流れ落ちた。この涙がたまたまナツメヤシの根元を濡らし、葉の基部から棘が伸びてきたということである。

春は受粉の時期で、これを手作業で行わなければならない。昔からメソポタミアの農家はナツメヤシが雌雄異株であることを知っていた。雄株は gishimmaru zakiru、雌株は gishimmaru zinnishtu と呼ばれていた。また、繁殖を確実にするために、受粉作業を自分たちの手で行っていた。ハンムラビ法典の第64条には、次のように定められている。

地主が果樹園を庭師に与えて受粉作業を任せた場合、庭師は果樹園の運営期間にわたって、果樹園の収穫の3分の2を果樹園の所有者に果樹園の賃料として渡し、自分は収穫の3分の1をとるものとする。

収穫された雄花の花粉。右側は雌花に花粉をまぶすために使うシェーカー。このほか、雄花の枝を雌花に挿し込む。

アッシリア美術では、生命の樹として様式化されたナツメヤシが描かれ、そばでは精霊が一方の手にバケツをもち、もう一方の手に円錐状の何かをもっている。アッシリア研究の専門家はこれを受粉作業と解釈してきた。古代には、ナツメヤシが受精する月は「デーツの月」と呼ばれ、この時期にあらゆる神と女神の婚礼を祝う祭りが行われていた。紀元前5世紀のヘロドトスは、バビロンを訪れた際、バビロニアの人々が「ナツメヤシの雄株の実を……デーツが実ったナツメヤシの枝に括りつけることで、タマバチやタマバエがデーツに入って実が熟すようにするとともに、実が落ちないようにする」[4]と記している。一方プリニウスは、受精の実態をヘロドトスよりもよく理解していた。

実際、この雌雄の結合についてはよく理解されていたので、雄株から集めた花と軟毛を用いたり、場合によっては雌株に雄株からとった軟毛をただ振りかけたりするなど人間の働きがあれば、確実に受精するとまで思われていた。[5]

まず雄花の花粉を集め、それを開いた雌花の花序に付着させなければならない。そうするにはナツメヤシの木を何度か登り下りする必要がある。1本の雄株から得られる花粉は、平均して約50本の雌株を受精させるのに十分である。余った花粉は翌年まで保管しておける。

エジプトのシワ・オアシスにあるナツメヤシ園で作業をするエジプト人農夫。リビアの東の国境に近いグレートサンドシーに接するこの地域は、デーツとオリーブの生産で知られる。

ナツメヤシが自生している場合は、風で雌株が受粉できるようにもっと多くの雄株が周りにあるが、商業果樹園では無用な雄株に貴重な場所と人手を浪費することはできない。

受粉が成功するにはタイミングが非常に重要である。雌花は、花序が開いて数日後にはもう花粉を受けつけなくなる。開いたばかりの花序に花粉をさっとふりかけ、雌花の花房に小枝を挿し込んでおけばうまくいくだろう。現代の果樹園では、大型の送風機で花粉を送り込むこともある。こうすると労働集約型の手作業は不要になるが、コストがかかる。

◉夏の作業

マジョール種などデーツの品種によっては、実が大きくなりはじめると房はまばらになる。特大のデーツが収穫できるように実の半分近くを取り除き、残った実に行く栄養が増えるようにするのだ。食べられる段階に向けて、デーツはまず「キムリ」へと成長する。この未熟な段階のデーツは緑色で酸味がある。実が大きく重くなるにつれ、茎が垂れ下がってくる。農家は、房が葉状体の基部で支えられるように、房を括ったり位置を調整したりすることもある。そうすると、ナツメヤシの樹冠はまるで重いネックレスをしているように見える。優良品種のナツメヤシからは、平均して約45キロ、場合によってはそれ以上の実がとれる。

甘いデーツがなっているときは、カリバチや鳥など複数の敵から実を守らなければならない。農家は通常、ヤシの葉状体で編んだマットや紙袋で房をふんわりと覆う。いくつかの房は覆わずにおとりとして残し、そこに鳥をひきつけることで、ほかの房から注意をそらす。バグダッドでは、敵はトビネズミ（jredi 'l-nakhal）というクマネズミに似た齧歯類だ。より乾燥した別の地域では、バッタやイナゴが作物を全滅させることがある。パキスタンとイン

熟れたデーツがずっしりと実った房。茎が折れないように房を葉状体の上にのせておく。

未熟なキムリ段階のデーツの実。緑色で酸味がある。

20世紀はじめ、カリフォルニア南部の砂漠地帯にあるパームスプリングスが異例の吹雪に見舞われた。ナツメヤシ栽培は、気温が高く乾燥したこの地域に非常に適しているとわかったが、突然の低温や吹雪にさらされると、実りかけたデーツが全滅してしまう。

ドでは、オウムとサルからナツメヤシを保護しなくてはならない。たいていは見張りの人が動物に向かって叫んだり石を投げたりして追い払う。また、ベルなど音が出る装置をぶら下げ、定期的に揺らしたりもする。もちろん人間の敵もいる。夜闇に紛れ、ときには裸で果樹園にやってくる泥棒がいて、番犬に見つかると自分も四つん這いになって犬を追い払う。

ナツメヤシは、害虫の被害や、ある種の真菌を原因とするバイユード病などの病気の被害を受けやすい。バイユード病の発生は生産量減少の主な原因となり、モロッコとアルジェリア西部ではとくに大きな問題になっている。最も困った害虫はカイガラムシだが、バグダッドではパームボーラー（chirneeb）が敵である。現代では燻蒸によってこのような害虫を駆除しているが、かつて打つ手がなかった農家は迷信に基づく儀式にすがっていた。ナツメヤシ園を守るためとして、角のついた羊の頭蓋骨を杭にぶらさげることがよく行われていたのだ。角には邪悪なものを遠ざける魔力があると信じられていたため、そこからこの古来の風習が生まれたに違いない。

ナツメヤシ栽培に最適な地域であっても、自然そのものが敵になることがある。オアシス地帯では、異例の厳しい干ばつが起こることもあるし、砂嵐が発生すれば、熟しつつある実に砂が付着してデーツが台なしになることもある。チュニジア、アルジェリア、カリフォルニアで起こりうる季節はずれの湿気や低温、パンジャブなどモンスーンの影響を受ける地域での降雨は、確実に実を傷める。実がきちんと熟さなかったり、腐って使い物にならなくなったりするのだ。

収穫の時期になると、農家は木の頂まで何度も登り下りしなくてはならない。ひとつの理由は、すべてのデーツが同時に熟すわけではないこと、もうひとつの理由は、食べられる段階のデーツにも「ハラール」（まだ固く歯ごたえがある）、「ルターブ」（やわらかい）、「タムル」（乾燥した）という3段階の熟し具合があることだ。品種によっては、房ごと切りとっ

甘くてやわらかい、ルターブ段階の完熟デーツ。

たデーツを利用することもできるが、マジョール種など一部のデーツは非常に高価なため、熟したものから少しずつ慎重に摘みとる。多くの生産地ではいまだに手作業で摘みとっているが、カリフォルニアとサウジアラビアの現代的なナツメヤシ園では、機械で木をゆすって実を落としている。

生育条件が完璧であれば、デーツはタムル段階にうまく到達し、樹上で日を浴びて自然に乾燥する。だが、カリフォルニアなど成熟期の終わりに雨が降る可能性のある地域では、デーツがタムル段階に到達するとすぐに収穫し、換気設備のある場所に広げて人工的に乾燥させる。

自然乾燥でも人工乾燥でも、適切に乾燥したデーツは貯蔵する。販売用のデーツは、加工施設で洗浄して空気乾燥し、選別し、等級ごとに分類して包装する。デーツは比較的やわらかいため、この作業には細心の注意が求められる。市場で高値がつくためには、形が崩れてはならないのだ。ただし、非常にやわらかくべたつくデーツ品種の場合、この点はあまり重要ではない。そのような品種はつぶしてデーツペーストにするからである。品質の劣るデーツは、一般に紙箱、ナツメヤシの葉状体で編んだ籠、スキンパックなど大型の容器にまとめて包装され、輸送される。それに比べて、高級デーツは丁寧に扱われる。早くも1920年代、当時イラクにおけるデーツ生産の中心地だったバスラでは、デーツを燻蒸殺菌したう

サウジアラビアの加工施設。自然乾燥したタムル段階のデーツを選別し、等級別に包装する。

え、蒸すことで艶をだして見た目をよくする方法が導入されている。アルジェリアとチュニジアで地元産のデグレヌール種の包装が始まる前は、デーツはまずフランスのマルセイユに輸出され、そこで包装されてからヨーロッパ中に運ばれていた。

デザートデーツと呼ばれる乾燥貯蔵された高級デーツは、(ナッツを詰める場合を除いて)種を抜かずに完全な形で丁寧に美しく包装される。米国ではデーツの種のことを「ピット(pit)」と言うが、英国では「ストーン(stone)」と言い、種抜きで売られるデーツには「ストーンド(stoned)」と表示される。あるエピソードによると、英国の包装業者がこの言い方をわかりやすく変えようと考えた。

おそらく「decorticated（皮をむいた）」のような言葉と同じ発想で、この業者はデーツを「Destoned」と宣伝した。これを見て混乱したある下院議員は、関税の修正案をめぐる議論の際に、対象となるデーツは抜いた種を入れ直した「種あり」なのか、と尋ねた。[6]

料理用デーツは一般に種抜きである。ただし、すべての種を確実に取り除く信頼できる方法はまだ見つかっていないため、現在でもパッケージには注意書きがある。米国では最近まで、残っていた種で顧客がなんらかの損害を被った場合、製造業者は顧客に補償するよう法で義務づけられていたようである。「食べたデーツのパッケージに『種抜き』と表示されていた場合、包装業者に賠償請求をすれば、顧客はたいてい50ドル、さらには100ドルの補償金を受け取ることができた」[7]そうだ。

品種によっては、もともと含まれる水分が多すぎるため、乾燥したタムル段階まで熟成を進めない。たとえば、イラクのルビーレッド色をしたベルベン種や、大きくて紫色をしたパンジャブのガッティ種は、ハラールとルタープの段階で収穫され、生の果物として収穫から数日以内に食べられる。それ以降は発酵が始まるのだ。ただし、冷蔵・冷凍設備があればもっと長もちするだろう。リビア沿岸やペルシア湾沿岸など、気温は十分に高いが湿度が高くてデーツが乾燥しない周縁地域では、デーツを新鮮なうちに食べたり、冷蔵庫で保存したりすることもある。

栽培条件があまりよくない産地では、果実を救済する方法がいくつもある。たとえばスーダンのように極度に乾燥した気候のもとでは、樹上でデーツがしなびてしまう。そのため、デーツは熟れたらすぐに摘みとり、水分が失われるのを防ぐために瓶に入れてさらに熟すのを待つ。デーツが完熟する前にモンスーンが到来するパンジャブでも、収穫後は瓶に保存するが、この場合は過度の湿気から実を守るためである。

場合によっては、ハラール段階のデーツをルタープ段階まで人工的に熟成させる。その理由は、樹上に残しておくと虫や雨のせいで傷んでしまうから、あるいは、気温が低いために自然に熟さないから、とさまざまだ。エジプトやアラビア半島の南岸やメキシコでは、マットにデーツを重ならないように広げて、1週間ほど天日干しにする。下エジプトでは、熟成を早めるために塩水に漬ける。デーツに酢を振りかけ、蓋をした樽に1日置いておくこともあるが、そうすると風味はいまひとつになる。ハラール段階の実に傷をつけるという方法もある。パキスタンなどでは、ハラール段階のデーツを棒で叩いて渋みのあるタンニンを果汁とともに流出させ、毛布で包んで一晩置く。こんなことをする一番の理由は、貧しさと飢えである。デーツが完全に熟すのを待つだけの余裕がないのだ。オーストラリアでは、デーツが完熟するまで房の切り口を水に漬けて房全体を覆っておく。ときには、ハラール段階のデーツをデーツシロップかハチミツに漬けて、さらに甘く熟すようにする。ハラール段階のデーツを冷凍しても同じ効果が得られる。

雌花の花序が受精しないまま育って単為結果した（文字どおり「純潔の」）種なしデーツは、品質で劣る。このようなデーツは完全には熟さないため、実が小さくて果肉も薄く、甘みや風味は受粉したものに及ばない。中東の人々はそれをピクルスに

「マアムール」クッキーのパッケージ。表示にうたわれているように、上等なサウジアラビア産のデーツフィリングを詰めてある。

オマーンの市場におけるデーツの競り。

利用できると考え、またカリフォルニア南部などの栽培者は、湿度を多量に含んだ熱風で処理することによって熟成させる。

ハラール段階のデーツを、ルターブ段階を経ずに乾燥させる場合もある。一般には、うまく熟さない質の劣る品種や、気温が十分に高くない場所で栽培される品種に対して行われることだが、単にそうしなければ発酵したり腐ったりする余剰分に対して行われることもある。こうして貯蔵されるデーツは「ハラール・マトブク」（調理されたハラール）と呼ばれ、収穫したばかりのハラール段階のデーツを20分から40分、大きな鍋で茹でてつくる。茹でたあとは水を切ってマットに広げ、天日干しにする。こうすると、実は固いがもろくて甘いデーツになる。イラクやその他の湾岸諸国、パンジャブ（現地ではブグリアンと呼ばれる）では非常に一般的だが、北アフリカでは知られていない。

◉交配の享楽――ナツメヤシの秘密の生

天然林では……身をかがめて相手を抱擁するように頂と枝葉を垂らした多数の雌株が、1本の雄株を取り囲んでいるだろう。

――大プリニウス『博物誌』[8]

人間がセックスによる繁殖を禁止され、経験的に優秀だとわかっている選ばれた人種のクローン作成という無味乾燥な手段だけで増殖している――そんな世界を想像してみよう。これがまさに、「栽培」の名のもとに数千年前から人間がナツメヤシに対して行ってきたことである。

ナツメヤシも、自然な状態では人間のように生きていた。ほぼ同じ数の雄と雌が一緒に育ち、性的に結ばれていたのだ。一部には好きな相手とだけ結ばれることを選んだ木もいたが、ナツメヤシは全体として節操がないことで知られ、庶出の子孫「デケル」は当たり前だった。何千年も続いたナツメヤシどうしの交配ゲームによって、その遺伝子は大混乱した。人間と同じように、1本1本のナツメヤシは独自のDNA鎖をもっているのだ。

デーツを味わった人間は同じものが欲しいと思ったが、まもなく、ナツメヤシが自然に繁殖する方法では量や質の点で十分に満足できるデーツが得られないことを理解した。そこでまず人間がしたことは、大部分の雄株を取り除くことだった。実をつけるのは雌株だけだからである。1本の雄株が50本の雌株を受精させるのに十分なら、なぜ空間と時間と重労働を雄株のために無駄遣いする必要があるだろうか? そういうわけで、雄株の役割は人間によって1本の「精子ドナー」に委ねられた。お楽しみは終わったのだ。

どのような果樹園でも、できれば良質で健康な花序をたくさんつける、丈夫でたくましい雄株をほんの数本植える、というのが理想だった。雄株は、雌花にあらぬ干渉をしないように隅に離して植えられていた。雌株はある意味ハーレムを形成し、確実に繁殖するよう、雌花に雄花の花粉をまぶし、花房に雄花の花序がついた小枝を挿入するという方法によって、人間の手で受精させられた。以来、毎年春になると、このようなナツメヤシの結婚式が執り行われてきたわけである。

受粉したナツメヤシはやがて実をつけ、その実からは、自然が種の伝播を目的として用意

アルカズウィーニーによる『被造物の驚異と万物の珍奇 ‘Aja’ib al-Makhluqat』の一葉。ナツメヤシの秘密の生を明かしている。15世紀はじめ。紙に不透明水彩、インク、金。イラクまたはトルコ東部。

した種子が得られる。けれども、種子では不十分だ。人間の場合と同じように、新しい世代は母親とまったく同じではないからである。それに、苗木が雄株だと判明する可能性も五分五分だ。そのため、人間は栄養繁殖という手をとった。これは一種のクローン作成である。確かにあまりロマンティックではないが、この方法を使うと毎回申し分のない結果が得られる。偶然は許されないのだ！

ナツメヤシの木の周りで育つ赤ん坊の木は、うまく分離して植えることができる。子供の木は自分自身の根を張り巡らし、母木と同じ遺伝子をもった実り多い雌株へと成長する。十分に成熟し、雄株の品質を問わず手に入る何らかの花粉で受精すれば、やはり母木と同じ品種のデーツを産出する。ここでは、雄株の遺伝子は関係がない。受粉の直接的な結果として形成される実の可食部分は、使用される雄株の特徴に影響されないからである。それは、定期的に優れた雄株を繁殖させようという誘因がなく、それゆえに優れた雄株が不足している理由でもある。こういうわけで、望ましい品種が見つかったら、それ以上変化しないように側枝を使って増やす方法が唯一の選択肢となる。

これが、ナツメヤシの栽培が始まって以来、その雌雄の木が送ってきた一生である。ただし、木が反逆した例も存在する。アルカズウィーニーによる15世紀の『被造物の驚異と万物の珍奇 *'Ajā'ib al-Makhluqāt*』で語られる物語のひとつに、次のような話がある。アラビアの農家が栽培するナツメヤシの雌株が、例年多くの実をつけていたのに2年連続で実をつけなかった。そこで、ナツメヤシの事情に詳しい専門家が呼ばれた。この専門家は木に登って調べたのち、この木に身体的な問題は一切ないと告げる。それから左右を見回し、近くにある雄株に目を留めた。専門家の判定によると、この木はそこにある雄株に恋をしているとのことで、農家は「その雄株からだけ受粉させるように」と助言された。もちろん農家がそのとおりにすると、木はかつてのようにたくさん実をつけるようになったという。

第2章◉デーツの品種

確かに生の状態のデーツは大変においしいため、必ずやもたらされる危険な結末を恐れなければ、際限なく食べられるだろう。

――大プリニウス

大プリニウスは、異国の地で出会ったデーツが実るヤシについて、「未開の地で使われる多様な呼称を数えあげる際にまちがっていなければ、ナツメヤシには49の種類がある」と述べている。あいにく、現在でもデーツを話題にする際は、「未開の地の」名前を使う以外に選択肢はない。たいていはアラビア語の名前で、それは中東ほどナツメヤシが人々の経済的・文化的生活の中心を占めてきた土地はないからである。中東の人々が、数世紀にわたるナツメヤシ栽培の歴史を通じて、デーツに関する豊かな専門用語のレパートリーを発達させたのに対し、他の言語にはそれらに対応する言葉がないのだ。早くも古代メソポタミアでは、デーツに関する専門的な表現が高度に発達し、中世には、この分野に関するアラブ人の知識は最高レベルに達した。デーツを指すアラビア語の名前は、プリニウスの記述から判断すると、すでに古典古代の世界で流通していたようである。その著作のなかでは、アラビアの地で育つねっとりとして甘いデーツが「ダブラン」（やわらかい）と呼ばれているのだ。

プリニウスは、バビロニア近郊の人が近づけない庭園に実る極上のデーツや、真珠のように白っぽくて丸いマルガリデス種など、いくつかのデーツ品種をある程度詳しく描写している。シアグルス種は「大きくて固く、でこぼこしていて、ほかの種類とは味が異なる。この品種に特有の野性味があり、イノシシの肉の風味に似ていなくもない」。「愚かな頭」を意味するカリオテ種は果実酒をつくるのに使われ、パテテ種は果汁が多いため樹上にあってもぱっくりと割れる。この名前はシリア語かヘブライ語で「ぱっくり割れる」を意味する「パターハ（patach）」に由来するという説もある。プリニウスは、主にエチオピアで育つ水分の少ないデーツについても記している。いくつかの種は水分が非常に少なくもろいため、粉に挽いたものをこねてパンにすることができるという。テーベのデーツは生の状態で瓶に入れて保存されるが、食べる前にかまどで温める必要があるそうだ。どうやら、自然の状態ではうまく熟さなかったようである。

プリニウスによれば、大半のデーツはごく普通のトラゲーマタ種である。またの名をバラニ（balani）と言い、丸いもの、細長いもの、黒っぽいもの、赤いもの、白っぽいものなど、さまざまな形と色がある。[1] ギリシア語のバラニティス（Balanitis）は「どんぐり」を意味するが、デーツを「どんぐり」と呼ぶ表現はセム語に起源があるようだ。たとえばシリア語ではデーツの総称は「すべすべしたどんぐり」を意味する「balloota saqla」である。[2]

ギリシア人とローマ人は、いくらデーツが好きでも、たいていはごく普通のトラゲーマタ種で満足しなければならなかった。それは主にエジプトとフェニキアから輸入されるバラニ種で、安くはなかったため、入手できるのは裕福な家庭だけだった。紀元前4世紀のクセノポンは、ペルシア遠征の途上で出会ったデーツについて次のように記している。

デーツについては、ギリシアでよく見る種類は使用人向けであることがわかった。主人用のデーツは選び抜かれた実で、見た目の美しさも大きさもただただすばらしく、まるで見事な黄金色の琥珀の塊のようである。一部は乾燥させ、砂糖菓子として保存していた。非常に甘いので果実酒とともに食べられていたが、頭痛を起こしやすかった。[3]

ナツメヤシ栽培の長い歴史のなかで生まれた品種は、数千種にものぼる。それは、ナツメヤシが雌雄異株、つまり雄株と雌株が分かれているからである。栽培が始まると、予測でき

赤く熟しつつあるハラール段階のデーツ。甘いがまだ歯ごたえがある。

ない品種の進化は、母木の側枝を植えることによってある程度抑制されるようになった。それでも、予測できない新種は未知の親をもつ苗木から出現する。このような庶出の新種はアラビア語でデケルと呼ばれ、マジョール（mejhool）（「未知」の意）と形容される。結果的には、実をつけない期待外れの雄株か、質の劣る雌株だと判明することが多いため、品種の多さはある地域の質に基づく生産性を判断する基準とはならない。たとえばパンジャブ地域では300種が育っているが、どれもが種子から繁殖したものであるため、優れた品種はそのうちの一部にすぎない。一方、イラクで優良品種の数がかなり多いのは、長年にわたるナツメヤシ栽培とその遺伝子操作で経験を培い、技術を獲得してきたからである。

新たなデケルが望ましい品種を産出するとわかったら――非常にまれなことだが、ないわけではない――、農家はそのデケルを側枝から繁殖させ、それ以上の遺伝子変化が起こらないようにする。この新種には、わかっていればそれを植えた人や発見された場所、あるいは固有の物理的特質にちなんだ名前がつけられることになる。

デケルとして誕生した有名なデーツ品種に、明るい黄金色をした北アフリカ産のデグレヌール種がある。「光のデーツ」を意味するこの名で呼ばれるようになったのは、それがほとんど透明だからである。日にかざしてみると種が透けて見えるほどだ。原産地はサハラ砂漠に位置するアルジェリアとチュニジアのオアシスである。17世紀にはじめて発見され、すぐに

サウジアラビア各地で栽培されるドライデーツの品種。右上のアジュワ種は西部のメディナのデーツで、預言者ムハンマドが好んだデーツだと言われる。右下のカラサ／カラス種はサウジアラビアで最高級のデーツである。

非常に優れた品種と認められた。伝説によれば、このデーツはオアシス地帯に住んでいたラーラ・ヌーラという敬虔な女性にちなんで名づけられたそうだ。この女性は、貧しさのあまり神の99の名を唱えるための数珠が買えなかったので、デーツの種99個で数珠をつくった。女性が亡くなると、遺体はその場に埋葬された。99個の種は根づき、立派な木に成長して見事な実をつけた。人々はそのデーツを「デグレヌーラ」と呼んだということである。[4] 別の説によると、デグレヌール種の種子は、「光の都」メディナにあった、預言者ムハンマドの妻アーイシャの家の庭に生えていたナツメヤシに由来するという。

もうひとつ、未知の親から生まれた有名なデケルデーツは、果汁が多くて甘い大粒のマジョール（medjool）種である。そう呼ばれるのは、これがもともとマジョール（mejhool）、つまり系統不明なデーツだったからである。実際、モロッコのタフィラルト地方とアルジェリア南部では、そのまま「系統不明な」デーツとして売られていた。この品種がいつ発見されたのかは、いまだにわかっていない。19世紀にタフィラルトのオアシスを訪れた外国人旅行者で、この名のデーツに言及した者はひとりもいない。ただ、それがデケル（deqel）に由来するメドクール（medqool）[5] という別名で通っていた可能性は大いにある。実のところ、メドクールはマジョールの同義語なのだ。

マジョール種が発見されたタフィラルト・オアシスは、モロッコ内陸部に位置する。この地方は何世紀も前からデーツ生産で知られてきた。長く暑い夏、豊富な水源、そしてアラビア半島のフィラル地方から移住してきた高い技術をもつ農民が揃っていたからである。[6] 20世紀はじめまでマジョール種は稀少品種で、輸出専用に栽培され、側枝は鍵をかけて保管されていた。この品種を栽培する村人自身は、それより品質の劣るデーツを食べていた。

マジョール種とデグレヌール種は世界中で知られているが、ほかにも同じくらい優れていながら原産地周辺でしか知られていない品種もある。中東では600種を超える優良品種が栽培されている。[7] デーツ栽培の長い伝統がある地域にはそれぞれ固有の品種があり、通常はその土地やある人の名前にちなんだ名前、あるいはそのデーツの外見や味、歯ざわりなどを形容した名前がつけられている。なかには、「ナイチンゲールの卵」、「花嫁の指」、「ラバの睾丸」といったおもしろい名前もある。

イラクは優良品種の最大のシェアを誇る。バグダッドで販売される主要品種、サヒディ種は、安価で扱いやすく、どのような熟し具合でも保存がきく。糖度が高いため、イラクの有名な蒸留酒「アラク」の原料になる。バグダッド特産のもうひとつの品種、キスタウィ種はおいしいデザートデーツである。バグダッドの南に位置する都市ヒッラにちなんで名づけられたヒラウィ種は、国外では一般にハラウィ種（甘い種）で通っている。熟すのが早く、ずっしりと重みがあり、包装しやすく保存がきく。カズラウィ種は甘い緑色の極上デーツである。

イスタアムラン（Usta ʻUmranが訛ったもの）種は広く一般に食べられているデーツでサイヤー種とも呼ばれる。バーリ種はバスラで最高のデーツとされる。この名前は、夏にペルシア湾から吹いてくるバーリ（「熱風」の意）に由来する。一番人気のドライデーツはアシュラジ種で、クルミと一緒に食べたり、ゴマペーストと合わせて練ってマドグーガという菓子にしたりする。

エジプトで好まれるデーツは、ハヤン村にちなんで名づけられたハヤニ種である。これは、近代以前、毎年メッカへ巡礼に行く旅人の一団が最初に休息をとったカイロ近くのオアシスの名前をとって、ビルカウィ種やビルカット・アルハジ（巡礼者の池）種とも呼ばれる。収穫後すぐに冷凍すればほぼ一年中販売できる、融通のきく品種である。南部サイード地方のサイディ種は、どこかイラクのアシュラジ種に似た水分の少ない品種だが、それほど固くはない。ラマダンの月は、イスラム教徒が断食をするためにデーツの消費量が最大になる。この時期、エジプトの果物売りは、買い手の気を引く楽しいランクづけを取り入れる。優れた品種に、政治家やサッカー選手や俳優などの有名人にちなんだニックネームをつけるのだ。２００９年のラマダンの際には、「オバマ」種が最も高値で売られていた。

チュニジアのマナキール（鼻のような）種は、大きくてやわらかい黒っぽいデーツで、風味がデグレヌール種に少し似ている。稀少なデーツである。アルジェリアで有名なのは、も

カリフォルニア南部コーチェラバレーで購入した各種ドライデーツ。最も大きく人気があるのはマジョール種である（右列）。

ともと水分が少ないトゥーリ（ツリ）種で、「ブレッドデーツ」としても知られる。甘いが固くてもろい品種だ。イラン南部で栽培される甘い上等な品種は黒っぽい色が特徴で、おそらくその色からマザファティ種（「ピッチ」を意味するズィフトに由来）と呼ばれるのだろう。アジュワ種も色が濃くて甘いデーツである。これはアラビア半島西部メディナのデーツで、預言者ムハンマドが好んだ品種である。オマーン、湾岸諸国、アラビア半島内陸部では、ブナリンジャ（オレンジ色）種というやわらかい変わったデーツが好まれている。これは、サウジアラビアの最高級デーツ、カラサ（真髄）種に見た目が似ている。カラサ種の複雑な味を楽しむには、デーツを口に含んで、その不思議な「ハチミツ、サツマイモ、サトウキビ、キャラメルの風味」がゆっくりと溶け出すのを待たなくてはならない。やがてこの風味に「それよりかすかだが、こくのあるタフィーの香りがまざったどこかナッツのような風味」が加わるのだという。[8]

こうしたデーツ品種のほとんどは、20世紀はじめにカリフォルニア南部に導入された。

第3章◉ナツメヤシの360の用途

庭師は私のことをほめる。奴隷にとっても役人にとっても役に立つのだと。
赤ん坊は私の実を食べて大きくなる。大人も私の実を食べる。
ギョリュウとナツメヤシの議論
――アッカドの文書、紀元前1300年頃

昔から、ナツメヤシのすばらしさを称賛する人は絶えることがない。もちろん、基本的には果樹だが、人間が果実以外のあらゆる部分を活用してきたことも確かである。古代アッカドの寓話ではギョリュウとナツメヤシの議論が展開し、当時の人々にとってナツメヤシがいかに価値あるものだったかが強調されている。この寓話では、王が宮殿に1本のナツメヤシを植え、その周りをギョリュウで埋め尽くした様子が語られる。ギョリュウの木陰には食事が用意されたが、ナツメヤシの木陰では歌がつくられ、ドラムが演奏され、人々は浮かれ、宮殿は喜びに満ちていた。この議論で、ナツメヤシは自分があらゆる工芸の達人だと自慢する。農家で使われるすべての道具――手綱、鞭、ロープ、土地を耕して種を蒔くための農具、馬具など――がナツメヤシからつくられているのだ。ナツメヤシの自慢は続く。

親を亡くした少女、夫を亡くした女性、貧しい人が
思う存分に私の甘い実を食べる。[1]

この「ナツメヤシの賛歌」をなぞるように、ストラボン（紀元前64年頃〜紀元後24年頃）はバビロンについての記述のなかで、ナツメヤシは土地の人々にパン、果実酒、酢、食事をもたらすと述べている。また、ナツメヤシは編んでつくるありとあらゆる品物の材料になる。種子は木炭代わりに火鉢で使われ、水に浸してやわらかくしたものは牛や羊を太らせるための餌になるという。ストラボンは、ナツメヤシの役に立つ３６０の特性をまとめたあるペルシアの――プルタルコスによるとバビロニアの――賛歌にも言及している。[2] これは古代の人々が、ナツメヤシが自分たちにとって完璧な木であることを表現したものなのだ。

以下で、ナツメヤシとその実がどのように人類に役立ってきたかを説明してみよう。残念ながら、私のリストは古代の人々が挙げた３６０の用途には及ばないのだが。

イラク南部バスラのナツメヤシの並木道、1944年。

◉役立つ非食用部分

昔からナツメヤシは、果樹園以外に住宅の周辺にも植えられていた。家の周りのナツメヤシは、なくてはならない涼しい木陰をつくるだけでなく、空気をろ過する働きも担っていた。葉状体が空気の通り道となる上階の開口部の近くにあれば、空気中の塵が家のなかに入る前に取り除かれるわけだ。

幹は軽量な橋、波止場、筏の材料になった。また、半分に切って芯をくりぬき、農地の灌漑に使う開放型の管（導水路）に加工した。大工はナツメヤシでドアや屋根や柵をつくった。言い伝えによれば、預言者ムハンマドが西暦630年頃にメディナに建設した最初のモスクは、ほぼ全体がナツメヤシの幹を使って建てられ、屋根と礼拝用の敷物はその葉でつくられていた。イラクの農村地帯では、宗教の祭事の際に、ブランコや観覧車のある子供用の仮設遊園地をナツメヤシの幹を使って建設することが一般的だ。ただし断っておくと、ナツメヤシの雌株の幹が建設その他の目的で切り倒されることは滅多にない。使用されるのは老木と雄株だけである。その昔、ナツメヤシの幹は残酷な死刑の道具としても使われていた。罪人は木に縛りつけられ、死ぬまで放置されたのだ。たとえばコーランのモーセについての箇所（20:71）では、ファラオが、モーセの言葉を信じた魔術師たちに向かって、両手両足を切断してナツメヤシの幹に磔にするぞ（アラビア語の動詞は「サラバ」）、と脅している。

葉状体は、昔から国や宗教の祭事に装飾として使われている。それよりも世俗的な用途としては、建物を覆う屋根、敷物、間仕切り、バスケットの材料になる。ほうきは切りそろえた小葉を縛ってつくる。葉状体は、そのままで壁と天井のほこりを払い、クモの巣を取り除くのに使われる。小葉を編んでつくった小さな手扇は、夏に水を振りかけてあおぐと非常に涼しい。かつては葉を束ねたものを泥で補強し、堰堤としても使用した。

葉から小葉を取り除いて残った中肋は、軽量な家具、かご、檻の材料になる。葉状体の大

ヨルダンと接するサウジアラビア北部のジャウフ州で、ナツメヤシの涼しい木陰で宴会をする男性たち。

オマーンのオアシスにあるナツメヤシに囲まれた邸宅。

きくて幅の広い基部は、燃料になるほか、最近まで子供たちにティグリス川で泳ぎを教える際にビート板として使われていた。また、筆記具にもなった。6世紀の初期イスラム教世界では、イスラム教徒の写字生がコーランを葉状体に書き留めていた。

葉の基部を囲む古い葉鞘の繊維は、ロープやじゅうたん、ボート用の錨索や策具、漁師が使う網をつくるのに適している。味がないため、瓶で酢漬けにした野菜が漬け汁から出ないよう蓋をするためにも使うこともあれば、アラビア独特の大きなコーヒーポットに詰めてコーヒーを注ぐ際の濾し器として使うこともある。また、長い棘は針や爪楊枝として使われる。

現代の技術によって、ナツメヤシを活用する手段はさらに増えた。すりつぶしたピーナッツの殻およびトウモロコシの芯と小葉とを合わせて加工したものは、断熱板の製造に使われている。葉の基部はセルロースパルプのよい原料になることがわかり、杖やほうき、釣り用の浮きや燃料の製造に利用されている。

◉食用部分

ナツメヤシの食用になる部分のうち、頂芽あるいは芯（アラビア語ではジュンマール）は古代から知られる珍味である。「独特のおいしさ」があるが、頭痛を起こしやすいとされていた。媚薬効果があるとして、結婚の贈り物のひとつにもなっていた。今でも珍味とされ、一般に一種のスナックとして生で食べられる。ナツメヤシは芯を取り除かれると枯れてしまうため、普通は最盛期を過ぎた木の芯を食用にする。

食用にするために芯を切り取ると、その穴には次第にとろりとした甘い液体がたまってくる。ナツメヤシの樹液である。この樹液は清涼飲料として飲まれるが、数時間で発酵し、酔いやすい果実酒になる。昔はハルマラの種子を加えてさらに強い酒にしていた。この樹液も、普通は最盛期を過ぎた木からのみ採取するか、またはオアシスで井戸が干上がるなどしてナツメヤシのための水源が失われた場合にのみ採取する。1本のナツメヤシから1日に約4リットルの樹液が得られるが、数週間経つと量が減り、数か月後には幹が乾いて木は枯れる。樹液は、健康なナツメヤシに穴をあけ、木を枯らさずに採取することもできる。そうするには、樹冠に注意深くV字型の切り込みを入れ、樹液を受ける管を取りつける。しかし、この方法で樹液を採取してよいのは、健康なナツメヤシの一生に2~3回までである。樹液を採取するとデーツの生産量が激減し、度が過ぎると木が枯れてしまうからだ。砂糖や果実酒のための樹液採取は、一般にはインドに多いサトウナツメヤシ（学名 *Phoenix sylvestris*）で行われる。古代エジプト人はナツメヤシの果実酒を特殊な用途に利用した。ヘロドトスによれば、ミイラにする遺体の空洞部分を洗浄するのに使ったのだ。

カリフォルニア州コーチェラバレーのインディアンウェルズに植えられた観賞用のナツメヤシ。旧世界の伝統的な方法に従い、列をなして植えてある。

雄花も雌花も、まだ仏炎苞に包まれた花序の時点からすでに需要がある。生で食べたり、茹でて食べたりするほか、新鮮な仏炎苞から蒸留によって芳しい液体を抽出したりするのだ。昔からデーツは媚薬効果の高い食べ物とみなされてきた。アラビア語で雄花の花序を意味するアティールは、中世には男らしさをほのめかすありふれた男性の名前だった。ところでこの名前を見ると、シェイクスピアの戯曲に登場するムーア人の将軍オセロが思い浮かぶ。オセロという名前については、まだ説得力のある語源は見つかっていない。戯曲のもとになったイタリアの物語『ムーア人の指揮官』では、この人物には名前が与えられていないのだ。だが、1600年頃に複数のムーア人の代表団がイギリスにやってきた事実が知られているため、シェイクスピアがムーア人の主人公の名前として——少なくともそれをイタリア風の響きに変えるまでは——アティールという名を採用していたかもしれないと推測するのは突拍子のないことでもない。

デーツが熟したら、それを使わない理由などあるだろうか？　古代メソポタミアでは、ブドウやイチジクとともにデーツを使って最高のフルーツケーキ（シュメール語でgoogと言い、おそらく中東のカーク、およびケーキはここから派生した）がつくられたし、古代エジプトの「ケーキ室」の菓子職人は「デーツ職人」と呼ばれていた。[3] 古代ローマの料理人アピーキウスのリストによれば、古典古代世界の食品庫においてデーツは不可欠の食材だった。甘くてべっとりとしたドライデーツから抽出したディブスというおいしい蜜は、古代から知られる重要なデーツ製品で、プディングやフルーツケーキや砂糖菓子に甘みをつけるために使われていた。

現代では、デーツは数々の新たな製品に加工されている。たとえばデーツジュースを使った炭酸飲料は、一部のイスラム教国でノンアルコールのシャンパンとして飲まれている。固いデーツをすりつぶしてつくるデーツシュガーやクリスタルデーツのほか、デーツジャム、デーツピクルス、デーツバタースプレッドといった製品がある。人間用以外では、デーツを乾燥させて粉末にし、穀物と混ぜて栄養価の高い

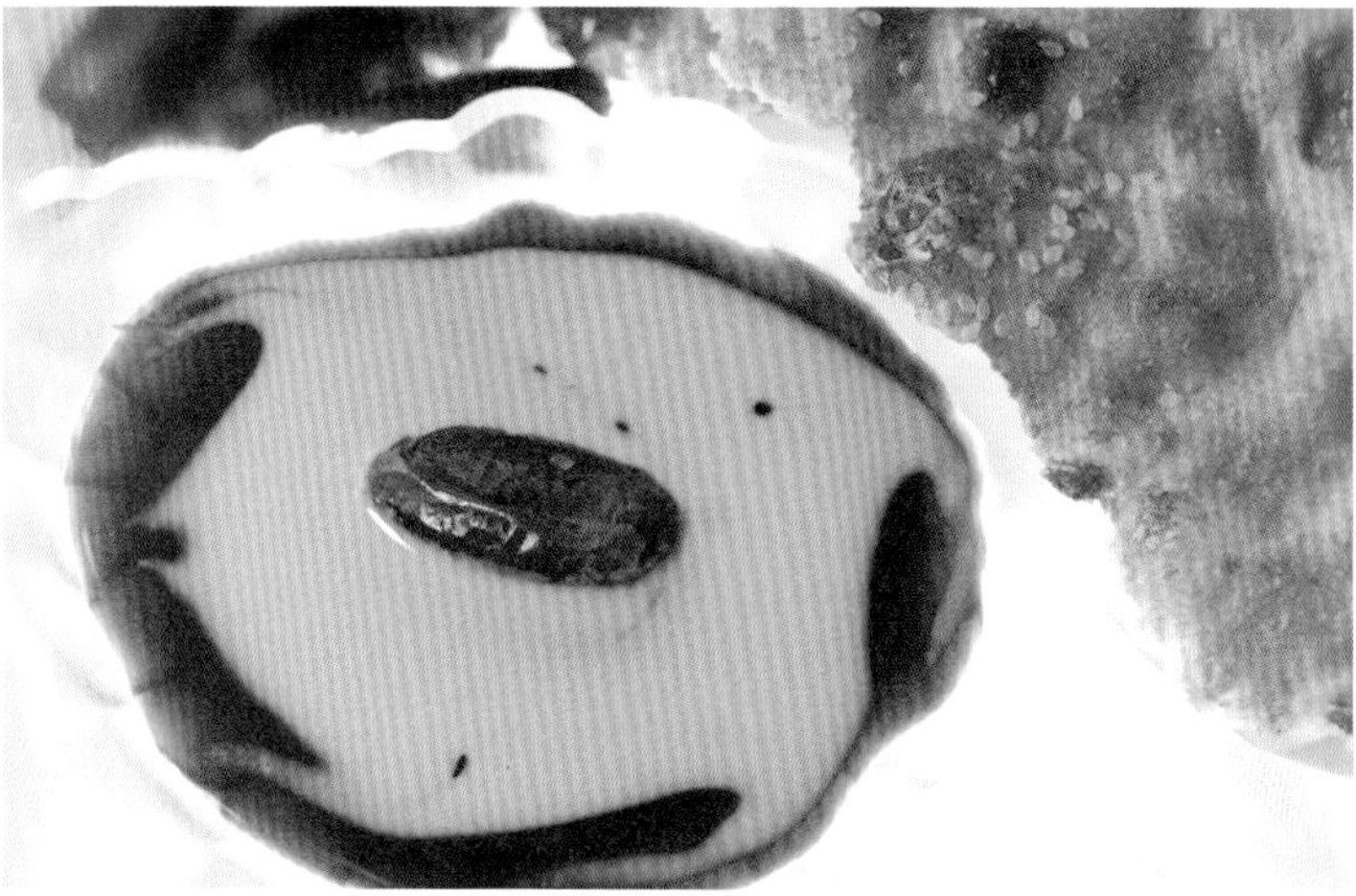

デーツシロップと練りゴマ（タヒニ）のおいしいディップ（dibs w-rashi）はイラクでよく食べられるおやつ（詳細は157ページを参照）。

ストーブで煮込まれるデーツチャツネ（154ページのレシピを参照）。

飼料をつくっている。サハラ砂漠では、ドライデーツがラクダや馬や犬の餌になる。

完熟デーツやデーツシロップからは、赤みがかった酢と果実酒をつくる。どちらも古代からつくられていたものだ。プリニウスは『博物誌』のなかで、デーツワインは東方のどの国でも非常によく飲まれていると述べ、そのつくり方も記している。熟したデーツをしばらく水に浸したあと、濾すというのだ。[4] 得られた液体は瓶に入れて発酵させたのだろう。イスラム教以前のアラブ人は（イスラム教以後もだが）デーツワインを大変に好んでいた。通常、戒律を遵守するイスラム教徒はできあがったデーツワインを3日以内に飲んでいた。それ以降は認められなかったのだ。初期イスラム教時代に書かれたデーツワインに関する資料を読むと、デーツワインは、熟したデーツ（タムル）に、熟れたデーツにはない渋みのあるタンニンをもたらす、まだ歯ごたえのある若いデーツ（ブスル／ハラール）を混ぜてつくっていたことがわかる。現代のイラクでは、デーツワインはもう飲まれていない。その代わりとなるのが、デーツを水のなかで発酵させてから、それを蒸留してアルコール度の高い水のような液体を抽出し、マスティックガムで風味をつけたものだ。これは「アラク」（文字どおりには「汗が出る」の意）と呼ばれ、水で薄めて飲む。水を加えると乳白色になるため、アブサンに似ていると言われてきた。

私たちがデーツを食べるときは、無意識に種を投げ捨てている。だが、農村部では種にも使い道がある。種を焙煎して粉に挽き、コーヒーの代用品をつくることもあれば、食料不足のときは、細かく挽いた種を小麦粉と混ぜてパンをつくることもある。水に浸してやわらかくした種は家畜の餌になる。乾燥させてから挽いたものはニワトリの餌に混ぜる。種は良質な炭にもなる。かつては、紐を通してネックレスにしたり、子供が遊ぶゲームの点棒として使ったりもした。

◉デーツは体によい

そして、ナツメヤシの幹をあなたの方へ揺らしなさい。
あなたの上にみずみずしい熟れた実が落ちてくるだろう。
その実を食べ、小川の水を飲みなさい。そうしてなぐさめとしなさい！

――陣痛に襲われたマリアについてのコーランの一節[5]

イスラム教以後のアラブの伝承では、デーツとその効能がとくに注目されている。デーツをめぐって言われていたことをすべて信じるなら、デーツはアラブ人にとって実に奇跡のような食べ物だった。預言者ムハンマド自身、１日にデーツを７つ食べると毒と魔術から一日中身を守れると言って、デーツを勧めていた。ムハンマドの食事は、ミルクやヨーグルト、あるいはただの水のほかは、主にデーツで成り立っていた。また、きゅうりと一緒にデーツを食べるのも好きだった。お気に入りのデーツは出身地メディナのアジュワ種で、それを天国の食べ物と表現している。アジュワという名前は、もともと子供に母乳以外の食べ物を与えて乳離れさせるという意味のアラビア語の動詞、アジャに由来する。乳離れさせた子供には、栄養を与え、咀嚼力を育むためにデーツを与える習慣があった。この母・子・デーツと

ラファエロの絵に基づくアシル・マルティネの作品。聖母子がナツメヤシの根元に座り、背後には木から実を摘みとるふたりの子供が描かれている。1845年、エッチングとエングレービングの雁皮摺り。

いう3つ組は、イスラム教の伝承における重要なモチーフになっている。マリアとイエスの誕生を語るコーランの一節も、そのことを裏づけている。もっとも、分娩中および授乳中の母親にデーツがよいという考え方は、イスラム教以前から広まっていた。

「偽マタイの福音書」では、イエス降誕のあと、マリアとヨセフとイエスがエジプトへ逃避する途上、ナツメヤシの傍らで休息する。その際、マリアが実を求めると、木はマリアがデーツを摘みとれるように枝を曲げる。このエピソードは福音のひとつとして初期キリスト教時代から広まっていた。また、トルコ南東部キリキア（小アジア）の古代遺跡では、それよりもはるかに早い紀元前700年の玄武岩のレリーフが発掘されている。当時のキリキアと言えば、アッシリア帝国の一部である。そのレリーフには、デーツがたわわに実るナツメヤシの傍らで赤ん坊に乳を飲ませる母親が彫られ、いかにも聖母子を思わせる情景が展開している。ギリシア神話では、ゼウスの妻レトが双子の神アポロンとアルテミスをまさに出産する場面で、ナツメヤシとオリーブの木を握りしめていたとされる。

分娩中の女性とデーツを結びつけた最も早い時期の例は、シュメールのイナンナ（アッカド語ではイシュタル）をめぐる伝説に見つかる。イナンナは愛と生殖の女神で、当然ながら母性と出産を司る。ナツメヤシはイナンナのシンボルであり、女神が住まうところでもあった。イナンナは自らを次のように表現している。

私は子をもうける場の乙女であり
母親が子を産む家庭においては、私はそれを守る影である。[6]

イシュタルという名に対応するヘブライ語の別名のひとつにタマルがあった。そしてタマルはヘブライ語でヤシとデーツを意味する。シュメールのまた別の詩では、身分の低い女性

アッシリアの石彫りのレリーフ。1本のナツメヤシを背景に、母親が子供に乳を飲ませている姿が描かれる。トルコ南部カラテペ、紀元前700年頃。

がイナンナの加護を求めて祈っている。この女性はどうやら未婚のまま出産して激しく苦闘しているようだ。

わが子が生まれた日、私の目は休まりませんでした。
私は両手を天の女王に差しのべて祈ります。
あなたは子をもうけた母です、私の恥をお許しください。[7]

これを読むと、コーランにおける分娩中のマリアの描写を思い出す。「陣痛の苦しみに耐えかねて思わずナツメヤシの幹へすがり、マリアはこう言った。ああ、こんなことになる前に死んでしまえばよかったのに。忘れ去られていればよかったのに[8]」

ナツメヤシとデーツの薬としての用途は、楔形文字で書かれたアッシリアの石板によく記録されている。薬草について書かれた文書からは、それが咳と耳痛と胃痛の治療に使われていたほか、湿布にして水ぶくれとあざを治療したり、悪を退治したりといった使用法があったこともわかるのだ。[9]シュメール神話では、ナツメヤシは癒しの家として象徴的に描かれている。古代エジプトでは、デーツとその果汁はだいたい同じように使われ、たとえば子どもの咳には、乾燥デーツを砕き、ミルクに混ぜて与えた。

イスラム教の民間療法における公然の秘密として、デーツおよびナツメヤシの芯（頂芽）と花序の媚薬効果がある。花婿は、初夜がスムーズに運ぶように、婚礼の日に半キロのデーツを食べるように推奨されている。デーツをほかの食べ物と組み合わせて媚薬効果を高めることもある。

現代の医学は、デーツに関して昔から唱えられてきた説の多くを支持するようである。ラマダンの月の長い断食明けに、預言者ムハンマドの伝統にならって少しのデーツとミルクかヨーグルトを食べるというイスラム教徒の習慣は、医学的に見て理にかなったものと認められている。デーツは体が必要とする栄養をすばやく供給し、乳製品は血糖値が急上昇するのを抑えるのに役立つからだ。

デーツの成分ががんを予防する可能性も示唆されている。その生きた証拠は、デーツを定期的に消費する集団におけるがんの罹患率の低さである。また、デーツは老化防止にも効くと言われる。砂漠で暮らすベドウィンの多くが長寿なのは、デーツを中心とした食生活と関係があるのかもしれない。なにしろデーツには糖質、カルシウム、カリウム、マグネシウムが豊富に含まれるのだ。ナツメヤシの花粉は、性欲を増進し、母乳をつくるホルモンを活性化させるエストロゲンの効果をもたらすことがわかっている。デーツには子宮筋を収縮させる作用、ということは陣痛を促進する作用があることも明らかになった。分娩後の出血を抑制する働きもあるようだ。最近では、デーツは子供の不安障害や神経症を緩和すると考えられていて、1日に7つ食べると効くらしい。デーツを食べると痔によいとも言われるし、アルコールが欲しいという衝動を最小限に抑える自然な方法でアルコール依存症の治療に効果をあげるとも言われる。いくつかのデーツを数時間浸した液体を、1か月の間、1日に2回飲むだけでよいそうだ。試す価値がありそうではないか?

第4章◉デーツの輝かしい歴史

ナツメヤシとその栽培をめぐる関心は、際立った魅力にあふれつつも戦争や暴力に悩まされてきた約6000年の波乱の歴史を、生命の源である平和な一筋の緑のように貫いている。

——ヒルダ・サイモン『ナツメヤシ——砂漠のパン *The Date Palm: Bread of the Desert*』

◉古代メソポタミア

サイモンの喩えを借りるなら、一筋の緑は文明の発祥とともに始まる。ナツメヤシ栽培の最も古い証拠が見つかっているのは、紀元前4000年の下メソポタミアの都市ウルだ。ナツメヤシはシュメール経済において重要な役割を担っていたほか、月の神の神殿そのものがその幹で建てられていた。紀元前2千年紀はじめの単語リストを調べると、ヤシのさま

ペルシアの王ダリウス1世（在位紀元前521～486年）が戦車のなかで立ち、ライオンに向けて弓を射る場面を彫ったメノウの円筒印章。場面の左右をナツメヤシが囲む。片側に彫られた楔形文字の碑文には、3つの言語（古ペルシア語、エラム語、バビロニア語）で「偉大な王ダリウス」と書かれている。

ざまな種類や異なる部分を指す言葉が約150語あることがわかる。紀元前5世紀にバビロニアを訪れたヘロドトスは、ナツメヤシ林の光景に感銘を受けている。古代の景観を彩って美しく豊かに茂る樹木は、人々の霊的・宗教的な儀式で中心的な役割を演じていたに違いない。

大英博物館にある紀元前3千年紀のアッカドの円筒印章では、ナツメヤシを挟んで女性と男性（角のついた頭飾りから神だとわかる）が向かい合って椅子に座り、背景ではヘビが上方に向かって身をくねらせている。この表現に対しては、エデンの園におけるアダムとイブの誘惑の場面だという解釈もあれば、神を崇拝する女性と豊穣のシンボルとしてのナツメヤシとヘビにすぎないという考え方もある。エデンの園であれ、神の礼拝であれ、いずれにせよナツメヤシは神聖な儀式に登場するに値する重要な木として、深い意味を込めて描かれている。

ナツメヤシは、特別な力を備える神の恵みとされていた。デーツは豊かさと多産のシンボルとして結婚式の贈り物となり、葉状体は魔術の儀式で悪から身を守るために使われた。魔術師は自分と自分が守っている人の周りに円を描き、「わが手にはエアの魔法円あり、わが手にはエアの神聖な武器たるスギの木あり、わが手には大いなる儀式のナツメヤシの枝あり」と唱えたのだ。[1]

ナツメヤシは大切な生計手段であって、木を切り倒した者は罪人として罰せられると法に定められていた。ハンムラビ法典には、「もしある地主が、相手の同意を得ずにほかの地主の果樹園の木を切り倒したら、銀2分の1ミナ（約285グラム）を支払うものとする」とある。だが、戦争で征服した敵地のナツメヤシは容赦なく切り倒した。『シュメール哀歌 *Lament of Sumer*』と題するシュメールの文書には、復讐心に燃えた彼らがどのようにナツメヤシ園を破壊したかが描写されている。

頑丈な銅、英雄の筋力のように強いナツメヤシが、とるに足らないもののように引き抜かれ、価値がないかのように根こそぎにされた。幹は横倒しにされ、木の頂はちりに埋もれていたが、それを起こす者はいない。葉状体の中肋は切り取られ、葉は燃やされた。花序は引きちぎられた。[2]

敵の目的は、征服した都市の人口を減らし、人々が再び住み着くのを妨害することだったに違いない。

シュメールの伝説によると、ナツメヤシは地上で最初につくられた果樹だった。メソポタミア南部の都市エリドゥで、淡水の神エンキ（アッカドのエア）がイナンナ（アッカドのイシュタル）とカラスの助けを借りてナツメヤシをつくったのだ。カラスは、ヤシの木に登ったり、受粉させたり、あるいはシャドゥーフ［つるべ式の揚水装置］を使ってナツメヤシ園を灌漑したりといった、本来なら人間がする仕事をこなしたという。

そのため、メソポタミアのナツメヤシが「生命の樹」——天上と地上と地底を結ぶ聖なる木であって、知恵、不死、豊穣などの恵みをもたらす存在——という概念を象徴的に表す最古の形に数えられるのも驚くにはあたらない。

ナツメヤシが育つ地域で、その美しさと多様な使い道に魅了されない人はいなかった。この木を「生命の樹」として神格化するのはメソポタミアに限ったことではない。ナイジェリ

バビロンの南で敵のナツメヤシを切り倒すアッシリアの戦士たち。アッシリア王センナケリブ（紀元前705～681年）の宮殿にあった、現存しない彫刻を描いたもの。オースティン・レヤード『ニネヴェの遺跡 *Monuments of Nineveh*』(1853年)。

アのヨルバ人が伝える神話によると、大いなる神が下界を見下ろしたところ広い海しか見えなかった。そこで神は、息子たちを遣わして大地をつくらせた。息子ふたりは大きなナツメヤシの木をもって下界に降り、水の中に植えた。兄弟が葉の上に降り立つやいなや、ひとりが樹皮をたたき切って樹液から強い果実酒をつくった。彼が酔って眠り込んでしまうと、もうひとりの息子が地上に降りて世界をつくりあげたということである。[3]

◉古代エジプト

ヘロドトスは紀元前5世紀半ばにバビロニアを訪れた際、目にしたナツメヤシを絶賛している。エジプトを訪れたときはそれほど感激していないが、デーツワインがミイラづくりに使われていると書き残した。とはいえ、豊富に残る考古学的・建築学的証拠から、サハラ西部のオアシスとナイル川流域でも昔から——おそらく近東諸国と同じ時期から——ナツメヤシが栽培され、大切にされていたことはわかっている。ただ、ナツメヤシの栽培が重要性を帯びるのは紀元前3千年紀か2千年紀以降だ。ナイル川流域ではナツメヤシを描いたものが多数見つかっている。紀元前3千年紀にサフラー王がアブシールに建てた花崗岩の神殿の柱はナツメヤシを象ったもので、浅浮彫と絵画にはナツメヤシ栽培の各段階が描かれている。メンフィスから出土した彫刻には、ナツメヤシ園の灌漑を行う祭司の姿が彫られ、墓所の壁の装飾には、長方形のプールの周りにナツメヤシを植えてある様子が描かれている。

ナツメヤシはいくつかの神の住処であり象徴でもあった。女性性のシンボルとして女神ハトホルに結びつけられていたのはその一例だ。ハトホルはメソポタミアのイシュタルにあたる女神で、生命、喜び、音楽、舞踏、豊穣の女神である。また、ナツメヤシは死者にデーツ

ローマ時代のナツメヤシのモザイク。チュニジア・ハマムリフにあるシナゴーグの本殿の舗装。3世紀から5世紀。

と水を与える女神ネフティスの住処としても描かれている。
エジプトの人々は葉を長寿と豊穣のシンボルとして使用した。無限を司る神ヘフは、時の経過を象徴するナツメヤシの中肋を2本もった姿で描かれることが多い。神殿では、中肋に切込みを入れて時間を記録していたのだ。

◉古代ユダヤ教

古代のユダヤ人にとってナツメヤシは特別な存在だった。ソロモン神殿では、「内側と外側の」装飾と金メッキを施した壁と扉に目立つようにあしらわれていた。[4] 旧約聖書の詩篇では、正義の人はナツメヤシのように繁栄すると言われている。[5] 次のとおり、ソロモンによる魅惑的な雅歌でも引き合いに出されている。

喜びに満ちた愛しい人よ、あなたはなんと美しく朗らかなのか。
あなたの立ち姿はナツメヤシのようで、乳房はその果実の房のよう。
私はナツメヤシの木に登り、その枝をつかもう。[6]

ほとんどの人が、創世記でエデンの園の中央に植えられた生命の樹はナツメヤシだと考えている。[7] ヨハネの黙示録の最終章でも、「そして川の両岸には生命の樹があり、12種類の実を結んで毎月実をつける。この木の葉は諸国の民の病を治す」と改めて言及される。[8] 12という数の象徴性は、「ナツメヤシは毎月新芽を出すため、年の終わりには1年の象徴となり、また、クリスマスツリーの起源でもあると一般に信じられていた」ことと密接に関係している。[9] これは、つきつめれば、幹が「年」を、葉が「月」を表すという古代エジプトの考え方から来ている。

古代のエジプト人と同様、ユダヤ人も祝祭ではナツメヤシの枝を使った。それは食べ物と住まいと日陰をもたらすものとして、ユダ王国を象徴していた。旧約聖書における「乳と蜜の流れる」土地とは、ヨルダン川の両岸に位置する、ナツメヤシとデーツの蜜が豊富なカナンの地のことだ。ダビデによる詩篇では、正義の人は「ナツメヤシの木のような」繁栄を約束されているし、ジェリコは「ナツメヤシの町」と形容されている。

ユダヤ、フェニキア、カルタゴの貨幣にはナツメヤシが描かれていた。ローマのティトゥス帝によるユダヤ征服とエルサレムの破壊を記念し、「ユダヤ・カプタ硬貨」という青銅の貨幣が新たに鋳造された際は、ユダ王国がナツメヤシの下で嘆き悲しむ女性の姿で彫られた。ナツメヤシの図柄はギリシアとローマの貨幣にも彫られた。こうしたすべてでは、ナツメヤシの経済的資源としての重要性を際立たせるとともに、木が後から導入された土地、自生していなかった土地でも存在感を放っていたことを示している。

◉古代ギリシア・ローマ

ギリシア人とローマ人は、ナツメヤシを装飾モチーフとして気に入り、とくにモザイクの図案に多用していた。上部に渦巻き装飾をあしらった背の高いギリシアの大理石の円柱はナツメヤシを思わせる。また、ナツメヤシは主神であるアポロンに結びつけられていた。『オデュッセイア』のなかで、オデュッセウスはナウシカアを、デロス島の神殿にあるアポロンの祭壇で見たナツメヤシに喩えている。

この喜ばしいときが訪れるまで、私は一度も見たことがなかった
これほど完成された優美さを！　私は目を奪われ、憧れを抱く
ポイベに冠を授けられ厳かに頭を垂れるナツメヤシが
姿を変えて現れたようだ。その人はこうして地を見渡す
デロスの誇りよ[10]

ギリシア神話では、双子のアポロンとアルテミスが生まれたのはナツメヤシの木の下だ。デロス島のアポロン神殿に詣でる人々が増えると、この島のナツメヤシはますます深い意味を帯びるようになった。

古代ギリシア・ローマはナツメヤシの葉を勝利のシンボルとして用い、競技会の優勝者や軍事指導者に冠としてかぶせたり、手に持たせたりした。一部の研究者は、このような習慣の起源はセム族にあると考えているが、ナツメヤシの葉状体を神聖視することはむしろヘラクレスの神話に関係があると主張する人もいる。ナツメヤシは、ヘラクレスが冥界か

シリア・パルミラのホテル。ローマ時代の遺跡の端にある。背の高いローマ時代の円柱はナツメヤシに似せて彫られていた。

ら帰還して最初に目にしたもので、その葉でつくった冠を自分でかぶったからである。

●キリスト教

キリスト教徒は、枝の主日［復活祭の直前の日曜日］などに、ヤシの枝を信仰の勝利のシンボルとして用いる。その起源は、イエスの教えに従う人々が、勝利者としてエルサレムに入城するイエスを、当時の現地の慣習に則ってヤシの葉状体をもって迎えたことである。まもなく、キリスト教会はヤシの葉状体を勝利と殉教のシンボルとして採用したため、復活祭の儀式に合わせてローマにヤシの葉状体を供給できるよう、大規模なヤシ園がイタリアにつくられた。なかでも高価で珍重されたのは白い葉状体で、次第に人気が高まっていった。今日では、真夏になるとヤシの葉を束ねて縛り、内側の葉がクロロフィル不足で次第に白くなるようにしている。スペインのエルチェにあるナツメヤシ園は、甘い実がなる食用ナツメヤシを栽培しているが、この特徴的な葉の供給源でもある。白い葉状体は、古代の異教の伝統から継承した勝利のシンボルという意味に加えて、この上ない純粋無垢のシンボルにもなった。

今日でもエルチェは、「エルチェ巡礼」と呼ばれる毎年恒例の祭りで知られる。催しのひとつに、マリアの死と昇天をテーマにした中世の神秘劇がある。劇ではまず、ナツメヤシのような形につくられた金雲に乗った天使が年老いたマリアのところへ降りてくる。天使は金色のヤシの葉状体をもってきてマリアに渡し、彼女の墓にはこの葉状体からナツメヤシが生えるだろうと説明するのだ。

シリア・ダマスカスにあるウマイヤド・モスクの宝物庫の壁を飾るモザイク。人々に崇拝されるナツメヤシは、モザイクの壁を飾るのにふさわしいものとみなされていた。

◉イスラム教の伝承

イスラム教徒にとって、ナツメヤシとその実は神からの贈り物、体と魂を癒すことができる奇跡の食べ物だった。預言者ムハンマドの有名な言葉に、「デーツがない家は本当に貧しい家だ」がある。ナツメヤシは彼らにとって大切な生計手段であり、生命の樹だった。楽園の禁断の木はナツメヤシだったと言われるほか、コーランには、神が被造物に与える恵みの印としてこの木が繰り返し登場する。ある一節では、ためになる言葉が、地中深くに根を張り天まで高く伸びる恵みの木に喩えられている。

コーランにおけるイエスの奇跡的な誕生物語では、マリアがナツメヤシの幹を揺すって落ちてくる実を食べようとする。ここでの奇跡は、マリアに幹を揺する力があったことだけでなく、ナツメヤシが冬にみずみずしい実をつけていたことだ。

預言者ムハンマドは、イスラム教徒に対してナツメヤシに敬意を払うよう説いている。この木は彼らにとって父方の叔母、つまりアダムの妹なのだ。イスラムの伝承によれば、ナツメヤシはアダムをつくった粘土の残りからつくられた。創造されたアダムの前に現れた天使は、アダムに向かって、「あなたは、食べ物をもたらしてくれるこの木と同じ素材からつくられたのですよ」と言ったという。人間とナツメヤシの類似についても詳しく述べられている。ヤシは直立し、雌雄が分かれていて、繁殖には受粉が必要だし、花粉は精液のような匂いがすると言われる。また、頭頂部を切り落とすと木は枯れるし、葉状体を切り落とすと同じ場所に新しい葉状体は生えない。預言者ムハンマドによると、アダムは背の高いナツメヤシのように髪の毛が多くて背の高い男だったとか。

預言者がそばに来るとナツメヤシがどれほど喜び感激したかを語った伝説も、広く知られている。あるとき、ムハンマドが1本のナツメヤシから実を食べたところ、その木は頭を垂れて「あなたに平安がありますように」と言ったそうだ。ムハンマドが葬られたモスクは、預言者とその教えに従う者たちが移住してきたのちメディナに建設された最初のモスクで、主にナツメヤシの幹と葉状体を使って建設されていた。最初のムアッジン［イスラム教の礼拝を呼びかける役を担う人］だったビラールは、1日5回、ヤシの木に登って信者たちにお祈りをするように呼びかけていた。イスラム建築のミナレット［イスラム教の宗教建築に付随する尖塔で、礼拝を呼びかけるために使用される］はこのナツメヤシをイメージしたものである。

アラブ人はアンダルシア地方を支配した800年近い年月で、ナツメヤシに対する愛着とこの木に関する知識を、気候が合うスペインとイタリアの各地に広めた。ナツメヤシはアラブ人と同一視されるようになり、15世紀にアラブ人がスペインから駆逐されたとき、キリスト教徒はナツメヤシを非キリスト教徒の聖遺物とみなして根こそぎにし、ほとんど絶滅させた。政治と宗教が絡んだ破壊行為を免れたのは、スペイン南部のエルチェにあったヤシ園だけだった。

◉愛の樹

アラブ人にとってナツメヤシはそれ自体が完璧な存在であって、その美しさと幅広い用途の魅力は尽きない。イスラム教の文書以外でも、この木は純文学と民間伝承で盛んに取り上げられている。次の助言は、いくつかの説話に見られるものだ。

卑しい考えにとらわれず、ナツメヤシのようになりなさい。
ナツメヤシは、石を投げられると甘いデーツを返します。

「ナツメヤシの頂」は、栄光や、誰もが望むが手の届かないものを示すメタファーとしてよく使われる。見た目がよくても失望することがあるように、はっとするほど魅力的でも中身が伴わない人のことは、「ナツメヤシのように背が高く、ヤギの頭脳をもった人」と言う。19世紀のバヤード・テイラーは、作者不詳の美しいアラビア語の詩をのびのびとした英語に

ナツメヤシ園は、ニザーミー作『ハムセ（五部作）』（1462年）に描かれるライラとカイスの悲恋物語の舞台にふさわしい。この物語は、7世紀に若くして亡くなったアラビアの薄幸な恋人たち、ライラとカイスの有名な話に基づく。悲しそうなライラは後景に座り、取り乱したカイスは唯一の友人であるサリムと周りにいる穏やかな動物たちに慰められている。ライラの父親がふたりの結婚を禁じると、カイスは正気を失い、マジュヌーン（狂人）と呼ばれるようになった。

訳した。テイラーの独創的な翻訳は、詩人のナツメヤシへの心酔を見事に浮き彫りにしている。

あなたの傍らで、美しいガゼルよ
最愛のベドウィーの少女よ
俊足で私をあなたの元へ連れ帰る
怖いもの知らずのネジディーの傍らで――
あなた方ふたりの傍らで、私が愛でるヤシは
美しい葉と芳しい実をつけている。
あなた方ふたりの傍らで、私が愛でる木の
ゆらめく影は私たち3人を包む。
愛と静けさと神秘のうちに。
カイロの砦の王冠を飾る
高貴なミナレットは
そのほっそりした幹ほど軽くはない。
舞いながら腕を上に伸ばすアルメのように、

それは日ざしのきらめきのなかで葉をもたげる。
うっとりするような動き、熱っぽいため息は
ワインのような血の細胞のなかで生まれる。
愛の樹よ、そのあなたの愛によって
私の愛を鎮める方法を教えてください。[11]

アメリカの作家マーク・トウェインは、ナツメヤシを描写してみてほしいと言われて、リバティポール［自由の象徴として木の棒や槍の先端にフリギア帽を被せたもの］に干し草の山をのせてあるように見えると答えた。

●デーツの祭典

かつて、デーツの収穫と受粉の季節といえば、お祝いやお祭り騒ぎをする絶好の機会だった。たとえば古代メソポタミアでは、新年を大々的に祝う春に、ナツメヤシの守護神であるイシュタルと国を治める王との儀式的な結婚式を執り行って収穫に感謝をささげた。今でも昔のようにデーツの収穫を祝っている数少ない場所として、リビア南部とチャド北部の国境

地帯にあるティベスティ村がある。ここに暮らす孤立したイスラム教徒のテダ族にとって、ナツメヤシの栽培は今でも重要な役割を担っている。一年のハイライトは、初秋に行われるデーツ祭りである。この祭りでは、婚礼、割礼の儀式、ナツメヤシの周りでのダンス、デーツワインの酒盛りが行われる。

中東ではヤシを社会的な祝い事に使うことの方が多い。たとえばバーレーンでは、結婚式の際に家の玄関をヤシの葉で飾ることで、慶事を知らせ、新

詰め物をしたお祝い用のデーツ（レシピは156～155ページを参照）。

婚カップルを祝福する。オマーンの人々は、今でも古い伝統に従い、息子が生まれる度にナツメヤシの側枝を植える。湾岸諸国では、近年、デーツ祭が開催されるようになった。主に、最高のデーツを選ぶ品評会と賞の贈呈を通して農家にナツメヤシ栽培を奨励するためである。

皮肉なことに、デーツを主役とする現代の最大のイベントは新世界で行われている。カリ

サウジアラビアの14歳の少女が描いた「ヤシ園でのデーツ摘み」(1995年)。サウジアラビアのダーラン（ザフラーン）で毎年開催される全国コンテストの優勝作。

フォルニア州南部コーチェラバレーのインディオでは、毎年2月にナショナル・デーツ・フェスティバルが開催されるのだ。2004年のフェスティバルの案内には次のように書かれている。

2000年のナショナル・デーツ・フェスティバルのフライヤー。カリフォルニア南部コーチェラバレーのインディオで毎年開催される。

デーツの町インディオでは、アラビアンナイトの一場面のようなナショナル・デーツ・フェスティバルとリバーサイド・カウンティ・フェアを毎年開催しています。ラクダとダチョウのレース、野外でのアラビアンナイト・ショー、「デーツの恵み」セレモニーのほか、中東をテーマにした催しが、全米を探しても見つからないほど多数用意されています。[12]

第5章 ◉ デーツを求めて——俯瞰図

だから、記述が外国のナツメヤシに限定されるのは、きわめて正当な理由があってのことである……。この木は非常に暑い気候でなければ実をつけないのだ。

——大プリニウス『博物誌』

デーツを見つけるには、夏が長くて暑い地域に行かなければならない。ナツメヤシの木は長い乾期にも耐えられるが、それでも伝説的なずっしりと実ったデーツを収穫するには、雨ではなく灌漑の水を根からたっぷり吸い上げる必要がある。栽培に最適な土壌は、通気性と水はけに優れた砂地と砂壌土（砂、粘土、シルト、有機物が混ざった土壌）である。また、ナツメヤシはアルカリ性の土壌に対する耐性が高い。

このようなナツメヤシ栽培の気候条件を見ると、育てやすい木だと思うかもしれない。ある意味ではそのとおりだが、収益性の高い販売用の農作物として栽培するにはむしろ手のかかる木である。デーツの専門家によると、湿度と温度の理想的な組み合わせを「見つけるのは非常に難しく、そのせいでデーツ栽培は地球上のわずかな土地に限られる」[1]。極端な高温と長い乾期にさらされると、デーツは固く干からびてしまい、ルタープ段階まで熟す見込みはなくなる。沿岸地域のように、極端な高温――ナツメヤシは実際、高温を好む――と湿度が組み合わさると、デーツは発酵したり腐ったりして最後のタムル段階に到達する前に落ちてしまう。気温が低いと、実は熟すことができない。条件を完璧に満たすには、根に十分な水分を与えつつ――ナツメヤシに水のやりすぎはない――、実を高温で乾燥した状態に保つ必要があるのだ。

ナツメヤシは旧世界の樹木である。この木がいつどこで生まれたのかははっきりわかっていないが、約5000万年前の化石が「肥沃な三日月地帯［メソポタミアからシリアとパレスティナを経てエジプトに至る地域］」で見つかっている。北アフリカと西アジア・西南アジアからインダス川流域にかけて栽培されていたことは明らかである。ナツメヤシ栽培は古代文明と時を同じくし、その最も重要な中心地はメソポタミアとエジプトだった。また、カルタゴとアラビア半島もデーツの大きな中心地だった。

大方の意見は、ナツメヤシの「栽培は、紀元前5千年紀頃に、ティグリス・ユーフラテス川の下流域のどこかで始まった」ということで一致しているようである。[2] ここから、栽培

された ナツメヤシと蓄積されたあらゆる農業の知識と技術が次第に周辺地域に広まり、北西は北アフリカまで、東はインダス川流域まで伝わったわけだ。

インダス川流域では確かに昔からデーツが食べられていたが、インド人はすでにメソポタミアと交易による接触があり、デーツを輸入していた可能性があると考えられている。インド北部へのデーツ伝来をめぐるもうひとつの説は、アレクサンドロス大王の兵士たちが野営地周辺に落とした数千個のデーツの種が芽を出したのではないか、というものだ。メソポタミア産の栄養豊富で携帯に便利なドライデーツは、兵士たちの食料に欠かせなかったからである。

古代ギリシア・ローマの人々もナツメヤシを好んでいた。料理に使い、大通りを飾り、栽培に関する知識も豊富だった。ナツメヤシが植えられていたのは、帝国の東部である。紀元前3世紀のテオプラストスの考察を読むと、ナツメヤシがどのように植えられ、増やされていたのかがわかる。記述によると、この木は「灌漑を好む」が、「空から降る水よりも湧き水を求める」。また、キプロスなどヨーロッパでナツメヤシが育つ土地も挙げられていて、このような土地のデーツは熟さず青いままだが、それでも甘くておいしいという。そのほかにナツメヤシが栽培されている土地としては、シリア、アラビア、エジプトが挙がっている。[3]

プリニウスは、ナツメヤシは「イタリアでも見られないわけではないが、実を結ぶことは

ナツメヤシの葉状体で編んだ籠に詰められた、来世のためのお菓子。ザクロやエジプトイチジクなどの果物に交じってドライデーツが見える。エジプト、第18王朝（紀元前1550～1295年）。

ほとんどない」、なぜなら「この木は非常に暑い気候でなければ実をつけない」からだ、と述べている。アラビアでとれる実は「ねっとりと甘い」と記しつつも、プリニウスが高く評価するのはユダヤのデーツだ。生の実は風味豊かで、果汁は「とろりとして」いて「乳状で粘度が高く、蜜のような際立った甘さがあり、どこかワインの香りがする」のだという。アラビアとテーベのデーツは、乾燥して小さく、皮にしわがよっているが、それは常に高温にさらされて乾いているからだそうだ。[4]

現在でも、旧世界におけるナツメヤシの商業栽培の中心は、昔から栽培が盛んだった地域と変わらない。主な生産地のうち、イラクはかつて首位を保っていたが、今はその地位から転落した。同国では、北部地域を除き、ティグリス川とユーフラテス川およびその支流の水で灌漑できるあらゆる土地でナツメヤシが栽培されている。なかでも、ティグリス川とユーフラテス川が合流してできたシャット・アルアラブ川にまたがるバスラでは栽培が盛んである。気温が高く、灌漑はペルシア湾に注ぐ川の水の満ち引きで自然に調節される。世界のナツメヤシ栽培地域でも類を見ない、完璧な天然の灌漑システムなのだ。１９９０年代まで、イラクはデーツの生産と輸出で世界一だった。だが、クウェート侵攻後に課された制裁とその後に続いた戦争による国土の荒廃、政情不安、治安の悪化が、現代的な農業設備の不足ともあいまってデーツ産業を衰退させた。受粉や収穫のために木に登るといった単純な作業ですら、命がけの活動になった。登った人が狙撃兵と間違われるかもしれないからだ。それでも、栽培品種の質で言えば、イラクはあいかわらず傑出した生産地である。農家に言わせると、それはふたつの川の水のおかげである。

アラビア半島におけるナツメヤシ栽培には長い伝統がある。栽培地は、サウジアラビアの西部と半島の東部に集中している。いずれも地下水、湧水、アフラジ水路（単数形はファラジ）で灌漑されている。アフラジは、オマーンでナツメヤシ園に水を供給するために使用される主要な灌漑システムである。主たる水源は深く掘った井戸か雨水を貯めた貯水池だ。多

国樹をあしらったイラクのコイン。

ナツメヤシ園が描かれたイラクの50ディナール紙幣。

くの水路が紀元前500年までに建設されていた。

サウジアラビアにおけるナツメヤシ栽培は、東部州のアハサやカティーフ、中央のカシーム州、西部のメディナ州などのオアシス地帯に集中している。アラビア半島東部では、バーレーンのデーツが古代世界では有名だった。かつてディルムンと呼ばれていたバーレーンは、「快適に住める土地」であって、「非常に大きな」デーツがとれるとシュメールの文書に述べられている。[5] イランでは、イラク南部と気候が似ている南西部でナツメヤシが栽培されているが、デーツ産業は1980年代のイラン・イラク戦争で壊滅的な打撃を受けた。

パキスタンの北東部と中東部、およびインドの北西部で栽培されるナツメヤシの実は、品質が低い。もともと種子から増やした木だからだ。大部分のデーツは国内で、とくに宗教行事などの際に消費される。この地域の気候は、とりわけ実が熟す季節に注意を要する。湿度が高く、思いがけずモンスーンによる雨が降るからである。インド北西部はナツメヤシの世界的分布の東端にあたる。

中国でもデーツは知られ、食べられているが、国内でナツメヤシは育たないため、昔からペルシアより輸入していた。いわゆる「中国のデーツ」はデーツではなく、干したナツメ（学名 *Ziziphus vulgaris*）である。本当のデーツの方は中国語で「ペルシアのナツメ」とも呼ばれる。中世には中国でもナツメヤシ栽培が試みられたが、成功しなかった。[6]

レバントの場合、ヨルダンのデーツ生産はわずかで、シリアのデーツ栽培はパルミラなど砂漠のオアシスに集中しているが国内消費をまかなえるほどではない。パレスティナは、ヨルダン川流域とガザ地区でデーツ生産を採算のとれる産業に育てようと奮闘している。アラブ農民の専門知識という非常に大きな資産はあるが、土地、水、市場、国境という基本的なリソースをイスラエルが統制していることが主な障害となっている。イスラエルでは、デーツ生産の開始は遅かったが、なかなか順調なようである。古代のユダ王国はデーツで知られていたが、19世紀までに

イラクの画家メイサルーン・ファラジによる油彩画「フリヤ」（自由の意。女性の名前でもある）、2004年。「例のない重荷に次ぐ重荷にもかかわらず、大切なナツメヤシのように堂々と立って誇り高く耐えるイラクの女性」に捧げたコレクション『小舟と重荷——凧と砕かれた夢』より。

オマーンのワディ・ダイカにあるナツメヤシ園。深い井戸や雨水を貯めた貯水池を主な水源とする水路システム、ファラジによって灌漑されている。

同地のナツメヤシはすっかり姿を消していた。ヨルダン川上流域で新たに栽培が始まったのは１９２４年で、このときにイラクとエジプトから多数の品種が輸入されたほか、北アフリカの品種がカリフォルニアから直接持ち込まれた。いずれも、キブツや農村共同体で栽培されていた。現在人気のある品種は輸出用のマジョール種である。イスラエルのデーツ消費量は少ないのだ。

エジプトのナツメヤシは、大部分がカイロの北から上エジプトのアスワンに至るナイル川流域の広範囲に分布している。ただし、乾燥した気候と、ほとんどのナツメヤシが種子から育てられたという事情から、デーツは乾燥していて品質が低い。多くのオアシスが点在する西部の砂漠地帯は、サイディ種（「上エジプトの」を意味するサイーディに由来）という品種が広く栽培されていることで有名である。ナイルデルタは気温があまり高くなく、どちらかといえば湿度が高

1957年に発行されたサウジアラビアの１ギニア金貨。交差する２本の剣と中央に立つナツメヤシという、1950年に採用された国章が描かれている。この図案は、活力、進歩、繁栄を象徴すると言われる。

いため、この地域で育つデーツの大部分は水分が多く、収穫して数日以内に食べなければならない。そうしなければ腐ってしまうのだ。シーズン中は国内需要をまかなえるが、オフシーズンは地元産のドライデーツを輸入品で補っている。南エジプトのデーツ生産地の延長線上にあるスーダンの生産地では、デーツが収入と食料の大部分を占める。非常に気温が高く乾燥した気候のため、大半の品種は乾燥して質が低い。そのうえ、気候変動、干ばつ、洪水、害虫と病気の蔓延によって、デーツ生産はこの20年で衰退した。

北アフリカのサハラではまた状況が異なる。チュニジアのトリポリとアルジェリアのオアシスでは、デグレヌール種など多くの優れた品種が栽培されている。アルジェリアもチュニジアも、ヨーロッパに輸入されるこの品種において大きなシェアを占めている。モロッコのタフィラルト地方のオアシスは粒の大きなマジョール種の原産地で、ここでも質の高いデーツが生産されている。だが、最近の報告書は、ナツメヤシが茂るモロッコの美しいオアシスが砂漠化によって脅かされていると警告している。

現在、地中海の北岸で唯一ナツメヤシ栽培が成功しているのは、スペインのごく狭い範囲である。南東部アリカンテ県にある「ナツメヤシの町」、エルチェだ。ナツメヤシを最初に植えたのは、やはりナツメヤシを本格的に栽培していた北アフリカの古代カルタゴ人である。ローマ人が、高潮による定期的な洪水に備えて堰堤をつくることを一番の目的として、ナツメヤシの植林を求めたからだ。デーツ生産はそのついでだったのである。アラブ人がアンダルシアを支配していた時代、ナツメヤシ栽培は大幅に改良された。現在のアリカンテは、デーツワインと「エルチェのハチミツ」と呼ばれるデーツシロップで有名である。

20世紀はじめには、パンジャブなど種子から木を育てていた地域で、側枝を導入してデーツの品質を改良しようという試みが行われた。また、アフリカの南半球にある地域でナツメヤシ栽培を拡大したり改善したりす

20世紀前半のアリススプリングス（オーストラリア・ノーザンテリトリー準州）のナツメヤシ園。洪水によって灌漑されている。

る試みにも注目が集まった。デーツを一年中供給できるようにするためである。たとえば、ナミビアの乾燥地帯にはすでにデーツの固有種がある。これは約４００年前にもともと種子から増やされたもので、地理的に孤立した場所で栽培されている。技術的知識の不足により、商業規模へ生産を拡大することができずにいたが、それでもこの20年ほどは産業発展に向けた取り組みが行われてきた。同国ではマジョール種の生産が始まり、今では組織培養センターが運営されている。

オーストラリアでは、ノーザンテリトリー準州のアリススプリングス地域と、最近では西部地域でもナツメヤシが栽培されているが、生産規模はまだ地元の需要をまかなう程度である。近年では、デーツの消費が宗教上の慣習として根づいているイスラム教諸国からの移民が増えたため、デーツの需要が拡大し、生産増を促している。多くのデーツ品種が生産されているが、栽培コストはまだ高い。そのため、デーツ需要の多くは輸入によって満たされている。

アメリカ大陸については、ナツメヤシはアルゼンチン北東部、ブラジル、チリ、ペルーに導入されているが、栽培規模は小さい。本格的なデーツ生産が行われているのはこれより北の地域だ。

カリフォルニア州南部コーチェラバレーの州道111号線。「ナツメヤシ街道」とも呼ばれる。
この道路に沿ってナツメヤシ園とデーツ専門店がある。

◉アメリカに移住した根気強い樹木

「ナツメヤシの木は、もともとここに生えていたわけじゃない。移民が何十年も前に植えたんだ。スペイン人やイラク人やエジプト人がね」

——ロジャー・ジェイコブスによる短編小説「スパイダーパーム」[7]

アメリカ人はナツメヤシをロマンティックに語るのが好きだ。アメリカに根づいたデーツの故郷であるカリフォルニア州南部コーチェラバレーを尋ねる機会に恵まれたら、ナツメヤシ街道の異名をとる州道111号線沿いにあるシールズ・ナツメヤシ園は外せない。騎士の大きな紋章旗があなたをお店に誘い、黄色の看板が「デーツのロマンスとセックスライフ」と題する無料のショーに案内してくれる。しかも、ここは街道沿いにある多くのデーツ専門店のひとつにすぎない。

米国のナツメヤシの約95パーセントはコーチェラバレーに集中し、残りはアリゾナ州のユマなど小さな産地で栽培されている。カリフォルニア州におけるデーツの中心地は、毎年ナショナル・デーツ・フェスティバルが開催されるインディオである。

米国でデーツ産業を開拓したのは、もちろん先ほどの短編小説に述べられているようなスペイン、イラク、エジプトからの移民ではない。彼らは故郷からもってきたデーツの種子をあちこちに蒔いたかもしれないが、50パーセントの確率で雄株に育ち、品種の予想もつかない種子は、産業向きではない。それでも、ナツメヤシ自体は数世紀前にこのような方法で、西半球のメキシコの西岸とカリフォルニア南部に持ち込まれた。すべては、コロンブスのアメリカ大陸遠征からまもなく、デーツとナツメヤシの葉状体がもつ宗教的な意味をよく知るスペイン人の探検家と宣教師の上陸とともに始まった。

入手できる最も古い記録によると、ナツメヤシ農園を創設しようという最初の試みは、1513年にキューバで行われた。ナツメヤシとタバコの両方が植えられたが、タバコがよく育ったのに対し、ナツメヤシは同地の気候が気に入らなかったようである。湿度が高すぎたのだ。現在残るこの試みの痕跡は、スペイン語で「デーツ」を意味するエル・ダティルという地名だけである。[8]

スペイン人は、海岸沿いにメキシコを通ってカリフォルニアまで北上しながら、ナツメヤシの苗木と種子を運んだ。彼らが通った跡にはナツメヤシが残されたが、デーツはあまり実らず、実がついたとしても湿度が高すぎるためによく熟さなかった。それでも一部のナツメヤシは、メキシコ内陸部とカリフォルニア・アリゾナ両州南部の比較的乾燥した地域で実を結ぶチャンスに恵まれた。主にスペイン人宣教師によって植えられたものだった。19世紀半ば、地下水を利用できたことで、この地域で苗木を使った栽培がある程度成功すると、米国農務省の専門家——少数の「想像力豊かで商魂たくましい」人々——がそこに目をつけた。[9]最初は多数の苗木を試した。だが、このやり方では商業栽培の可能性は見込めなかった。

そこで、栽培が盛んなアラブ諸国から側枝を輸入し、移植を繰り返した。まず、アルジェリア、エジプト、オマーンの側枝で試したが、品質がよくなかったため、この企ては失敗に終わった。続く試みで最初に成功を収めた輸入側枝は、主にアルジェリア産のデグレヌール種だった。20世紀に入った頃のことである。その後、好奇心と冒険精神に突き動かされた先駆的な園芸官の尽力によって、外国人がアラブ世界の国際都市より奥へ入り込むのは安全とは言えない時代にありながら、側枝が継続的に輸入できるようになった。米国へ輸入された側枝は、まず検疫を受けてから、ニューメキシコ、アリゾナ、カリフォルニアの農業試験場に移植された。

１９０１年から１９０５年まで、重要な側枝はイラク、エジプト、アルジェリア、チュニジアから輸入されていた。１９１２年には別の輸入事業が、今度はポール・ポペノによって開始された。ポペノはデーツに精通していた人物で、著書『旧世界と新世界で育つデーツ *Date Growing in the Old World and the New*』（１９１３年）はこの分野の古典となっている。ポペノは、アルジェリアのデグレヌール種、オマーンのファード種、アラビア半島アハサの多数のカラサ種、バスラのバーリ種、カドラウィ種、ハラウィ（ヒラウィ）種、バグダッドのザヒディ種など、数々の優良品種の側枝を確保し、持ち込まれた木のほとんどが大きな成功を収めた。また１９２０年代はじめには、サイディ種とバヤニ種もエジプトから輸入された。

１９２７年、重要な品種が米国に偶然持ち込まれた。話によると、この頃モロッコのデーツ産業はバイユード病の蔓延で深刻な打撃を受けていて、ナツメヤシは全滅の危機にあった。アメリカ人のデーツ専門家スウィングルは、援助を求めるモロッコに招かれ、滞在中にたまたま病気に罹っていなかった11本のマジョール種の側枝を入手することができた。この側枝は、感染していないことを確認するため、まずネバダ州南部に植えられた。その際、２本が犬に掘り起こされてだめになってしまったが、１９３５年に残る９本の側枝がインディ

現在のカリフォルニア南部では、このコーチェラバレーのインディオにあるショッピングモールのように、ナツメヤシの成木が街路樹として人気である。受粉は通常行われない。

オにある政府の農業試験場に移植され、そこで成長し繁殖した。1944年以降、その側枝はデーツ生産農家に配布され、マジョール種はまたたく間にアメリカにおける主要品種としての地位を確立した。こうして、生き延びた9本の側枝は世界のためにマジョール種を救ったのである。

ナツメヤシ栽培の実験段階は、1929年にイラクから輸入したのを最後に終了し、焦点はすでに将来有望と判明していた品種の育成と繁殖に移った。同時に、国営事業の発展を受けて、民間のデーツ農家による商業生産も増加していった。

すべての輸入品種が新しい環境によく適応したわけではない。はじめのうちは、ナツメヤシ栽培の経験と伝統が不足していたせいで、多くの側枝が枯れてしまった。それでも、多数の投資家がナツメヤシには無限の可能性があると信じ、明らかに一攫千金を狙えるタイプの事業ではなかったにもかかわらず、あきらめようとしなかった。そこで、この産業を軌道に乗せるために多くの研究が行われ、本が書かれ、ナツメヤシの原産地への視察が繰り返された。その過程で、デーツの栽培、加工、包装に関わる多くの問題が解決され、課題に応える多くの機械が考案され、便利な装置が発明された。新世界で獲得された知識が、旧世界に恩恵をもたらすまでになったのである。

1940年代には、コロラド川からの水がコーチェラバレーと周辺地域に引かれ、デーツ産業は活況を呈した。政府が大量のデーツを購入して第二次世界大戦に参加する軍隊に配布したため、生産者にとっては利益の大きな時期でもあった。こうして１９６０年代にデーツ産業は最盛期を迎えた。

この20年ほどは、デーツではなくナツメヤシの木に対する需要が高まっているようである。成木を街路樹に利用するためだ。これは「年をとって引退を考えていた多くのデーツ農家にとっても、コストが高く労働者にとっても危険が大きい高木の栽培を続けたくなかったそのほかの農家にとっても朗報だった」と、デーツの歴史を研究するパトリシア・ラフリンは説明している。[10]

昨年の夏にコーチェラバレーを訪ねた私は、いまや不動産の方がナツメヤシよりも価値があると嘆く声を聞き、開発業者による整備を待つ、ほったらかしの木や切り株が並ぶ地区を数多く目にした。

第6章◉デーツの未来

ドライデーツを中心に、デーツはいまやグローバルなフルーツになった。ひとつの要因は、輸送と冷蔵の技術が発達し、効能がよく知られるようになったことである。もうひとつは、中東やアジア諸国からの大勢の移民が世界中に散っていることだ。このような移民の大部分はイスラム教徒で、出身国にはデーツを食べる伝統がある。

多くの国が輸入に代わる策としてナツメヤシ栽培を試みてきた結果、木は5つの大陸に広まったが、栽培の中心地はいまだに中東である。朗報は、この数十年で組織培養技術が大幅に進歩し、望ましい品種を妥当なコストで——いくつかの基準によるとまだ経済的とは言えないものの——大量生産できるとわかったことだ。この方法で栽培される木は、従来の方法で育てられるものより成長が30パーセント速い。組織培養植物は輸送が容易なうえ、病気の心配がないため各国が課す検疫規制の対象にはならない。現在では、北アフリカ、サウジ

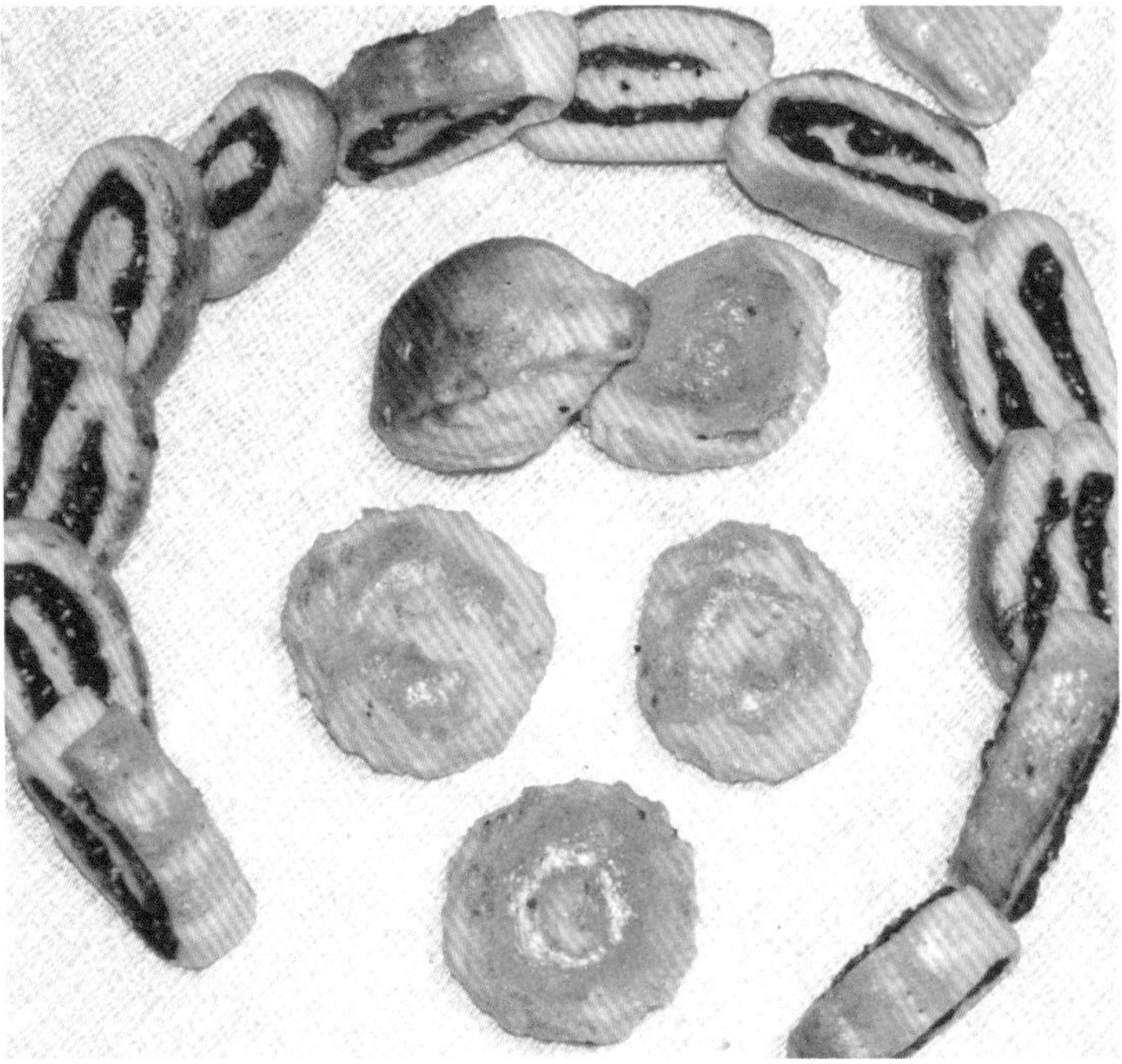

デーツのフィリングを詰めたクッキー（レシピは152〜151ページを参照）。

アラビアをはじめとする湾岸諸国、ナミビアなどのアフリカ南部で、ナツメヤシの組織培養を行う研究施設が数多く稼働している。組織培養される品種の筆頭はマジョール種である。この品種は現代のスーパーデーツとも言うべき存在になった。

デーツは栄養豊富で高カロリーなため、世界の飢餓と闘うために効果的に活用できる。乾燥させたデーツは、冷蔵の必要がなくバクテリアを寄せつけることもまずないため、輸送が容易だ。まさに「貧乏人のケーキ」である。人間は甘い物を食べたくなるものなので、飢餓に対処する人道支援活動では、配られる非常食のなかでも一番口に合う食べ物になるだろう。しかも、こうした飢餓がよく起こるのは、人々がピーナッツバターなどよりもデーツに親しんでいる乾燥地帯である。数年前に読んだおもしろい新聞記事に、アフガニスタンの村人が、アメリカが落とした食料援助の小包に入っていたピーナッツバターに当惑したという話があった。この村人は味見をしたが気に入らなかったので、ロバに与えた。だが、ロバも食べようとしなかったそうだ。

現在、デーツを使った無数の商品のアイデアが検討されている。デーツシロップからパン用のイーストを製造する案、デーツをしょうゆの醸造に使う小麦の代用にする案、炭酸飲料や乳製品、冷菓やチャツネに混ぜる案、学校給食に取り入れる案などがある。

軽量な家具やかご類などナツメヤシの副産物はあいかわらず健在で、今でも便利に利用さ

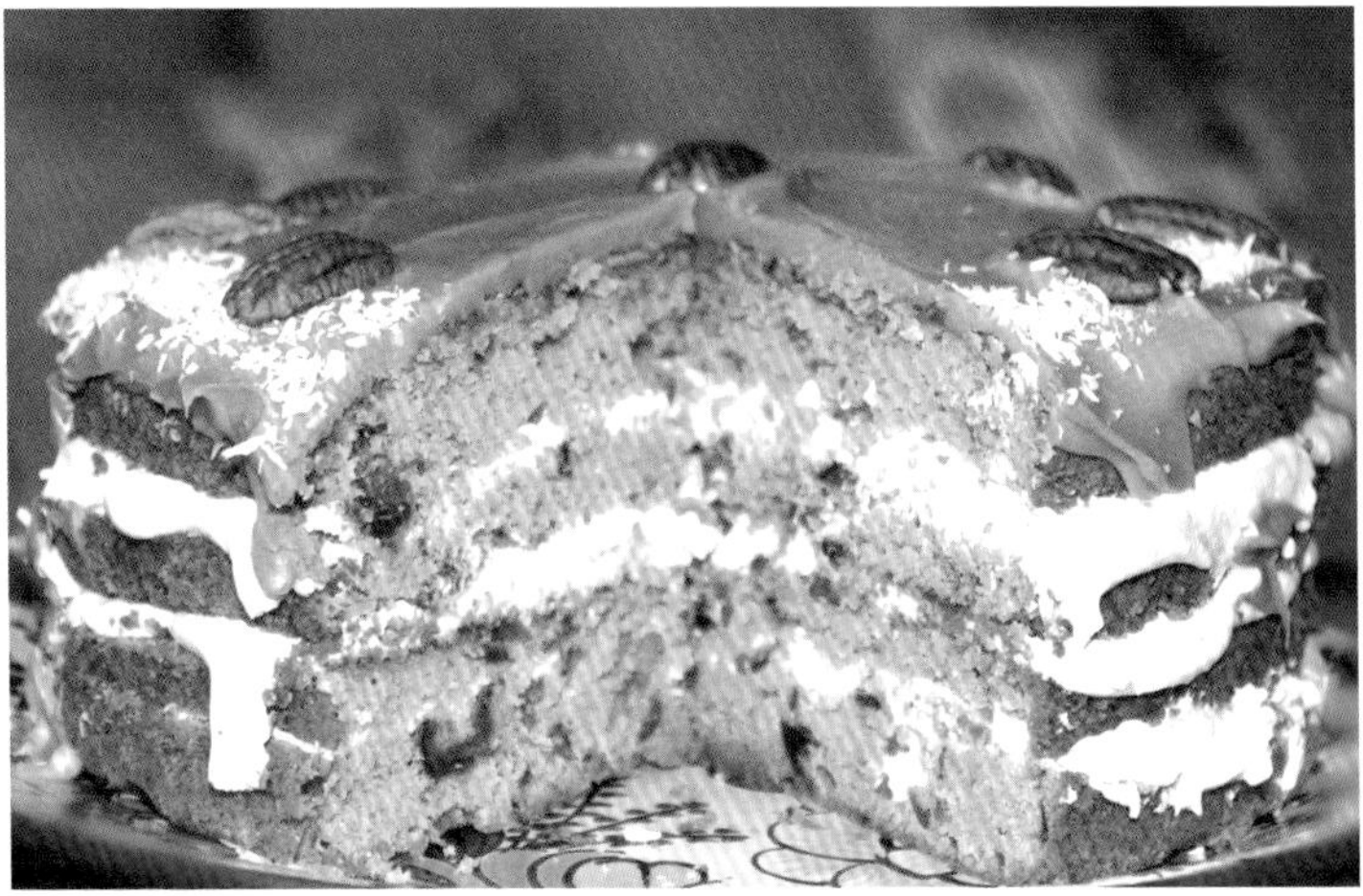

スパイシーデーツケーキ（レシピは151～150ページを参照）。

れている。イラクでは、国土が荒廃して現代の技術が使えなくなった戦時中、夏の猛暑の救いになったのはナツメヤシの葉状体を編んだ昔ながらの手扇だった。

デーツをめぐる最も刺激的なニュースは、それが将来、燃料に使えるという話だ。最近の報告書によると、まもなく自動車の動力源は、従来の化石燃料、すなわち石油に代わって、環境に配慮したバイオ燃料になるだろうという。名前はもう決まっている。ナホイルだ。アラビア語のナハル（ナツメヤシ）とオイルを合成した言葉である。

2007年、オマーンの起業家が、構想の実現が許されれば、アラブ諸国初となる石油代替燃料の生産を計画しているというニュースが広まると、ちょっとした騒ぎになった。彼の構想とは、ショ糖を豊富に含むナツメヤシの樹液を採取して燃料エタノールを製造することだった。もちろん、ナツメヤシのことをよく知っている人なら、このプロジェクトには見込みがないとわかっていた。*Phoenix dactylifera* の樹液を採取するとは、木が枯れることを意味するからである。

それより現実味があるのは、毎年アラブ世界で廃棄される大量のデーツからバイオ燃料がつくれるという最近のニュースである。[1] この事業は環境を汚さないだけでなく、ナツメヤシの植林を促進することにもなる。植林は砂漠化の進行を阻止し、それが今度は高温を抑えて地球温暖化対策にもなることで、さらに環境保護に役立つだろう。

謝辞

本書の種は、数年前に「ニューヨーク・料理の歴史協会」で行った講演だった。同協会の会長であるキャシー・カウフマンの提案を受けて、私はテーマをデーツ全般に広げた。聴衆のなかには、Reaktion Books社の出版者マイケル・リーマン、「『食』の図書館」シリーズの編集者アンドリュー・スミスがいて、私の講演に同シリーズの1冊としての可能性を見出してくれた。この3人には深い恩義を感じている。

執筆中、私はたくさんのデーツを味わい、多くの親切に出会った。博物館や諸機関の好意的な職員の方々には、図版を入手する作業を楽しい体験にしていただいたことを感謝したい。スミソニアン協会のベッツィ・コフートは、これまでと変わらず力になってくれた。『サウジ・アラムコ・ワールド』のスタッフ、およびアラビア・フェリックス・シンフォーム社のジョージ・ポップとマイケル・ディッケンソンには、同社の充実したアーカイブの利用を許していただいた。お礼を申し上げる。美しいヤシの写真を提供してくれたベルナデット・シンプソン、電話でためになる楽しい話をしてくれたコーチェラバレー歴史協会のデーツ史研究家、パトリシア・ラフリンにも感謝する。また、イラク人アーティストのメイサルーン・ファラジは、多くのすばらしい作品のなかから絵を選ばせてくれたうえ、同名のイラクの小説家で友人のメイサルーン・ハジに私を紹介してくれた。彼女にも感謝したい。

家族と友人のいつも変わらないサポートと熱意には大変感激した。彼らがデーツに注ぐ愛情は私にとって大いに刺激になった。シャキールには最大の感謝を捧げたい。彼から贈られた私たちの結婚30周年のプレゼントは、カリフォルニア州コーチェラバレーへの旅行だった。それは第二の我が家のように感じられる忘れがたい滞在となった。

訳者あとがき

本書はイギリスの Reaktion Books 社が刊行している The Edible Series の1冊、*Dates: A Global History* の邦訳である。同シリーズは２０１０年、料理とワインに関する良書を選定するアンドレ・シモン賞の特別賞を受賞した。日本語では「食」の図書館シリーズとして80冊あまりが出版されている。

デーツとはナツメヤシの実である。訳者である私は、約20年前にフランスに移住して初めてその存在を知ったが、最近は日本でも知名度が上がってきたようだ。乾燥した実はどこか干し柿を思わせるし、デーツペーストは餡子にも似ている。日本の食卓にもすんなり溶け込む食材だろう。意外にも、オタフクのお好みソースには約50年前からデーツが使われている。

もっとも、デーツの故郷は日本から遠く離れた中東や北アフリカである。ナツメヤシ栽培には、メソポタミアやエジプトの古代文明とともに発展してきた長い歴史がある。第１章で解説されるように、ナツメヤシはそれなりに手のかかる木だが、雌雄異株であるナツメヤシを効率的に受粉させる方法や質のよい雌株を優先的に増やすノウハウなどは、早くから知られていた。それだけに、デーツとナツメヤシは産地の人々の生活に密着している。第3章で紹介されるように、実や樹液はそのまま食用にするほか果実酒などにも加工されるし、幹や葉も建物や日用品をつくるために大いに利用されてきた。最初のモスクはナツメヤシの幹と葉でできていたと伝えられるほどだ。

近年、デーツの産地は世界各地に広がっている。米国カリフォルニア州では19世紀末からデーツ生産が本格化し、いまや世界最大のデーツの祭典が開催されるまでになった。パリのスーパーで米国産デーツを見つけたときはおや?と思ったものだが（なにしろフランスで米国産の食品を見かけることはあまりない）、わけを知って納得である。

栄養価が高く輸送や保存も容易なデーツは、飢餓対策に役立つと期待され、燃料利用でも注目される。そんな古いようで新しいデーツの魅力を、イラク人の著者があふれるデーツ愛とともに語った一冊である。

最後に、本書の翻訳にあたってお世話になった原書房の百町研一さんと株式会社リベルのみなさんに感謝申し上げる。

野村　真依子

2023年11月吉日

写真ならびに図版への謝辞

著者と出版者より，図版やその複製許可を提供いただいた方々と機関に感謝する。

© The Trustees of the British Museum: pp. 94 (IFF 10 - 133043), 119 (BM. 89132), © (BM. 5396); © Brooklyn Museum: (05.14) p. 42; photo George & Audrey DeLange: p. 42; © Museum of Fine Arts Boston, Charles Amos Cummings Fund and Gift of Horace L. Mayer: (60.133) p. 34; painting courtesy of Maysaloun Faraj: p. 123; Harvard Art Museum, Arthur M. Sackler Museum, Loan from the Trustees of the Arthur Stone Dewing Greek Numismatic Foundation (1.195.987)/ Photo Imaging Department © President and Fellows of Harvard College: p. 14; photo Hirmer Verlag GmbH, Munich, Hethiter (602.0816): p. 89; photos Frank Hurley, National Library of Australia: pp. 32 (NLA.PIC-AN23564759), 75 (NLA.PIC-AN23664812), 127 (NLA.PIC -AN24164777); sketch Austin Layard, Monuments of Nineveh, p.98; photos Nawal Nasrallah: pp. 6, 15, 17, 22, 23, 24, 25 (bottom), 29, 33, 40, 41, 43, 47 (bottom), 50, 55, 71, 81, 83, 84, 105, 112, 114, 121, 129, 133, 137, 139; photo Palm Springs Historical Society: p. 48; photos courtesy of Georg Popp www.oman-archive.com: pp. 13, 27 (top), 56, 65, 78, 124; photos courtesy of © Saudi Aramco/SAWADIA: pp. 113 (Eric Hansen), 36, 39, 67 (John Feeney) 45 (Arthur Clark) 52, 103 (Khalil Abou El-Nasr) 77 (Michael Di Biase) 125; photo courtesy of Bernadette Simpson: pp. 10, 47 (top); © Smithsonian Freer Gallery of Art and Arthur M. Sackler Gallery: pp. (FI908.2689) 19 (F1954.81), 59; Stock xchng: p. 9 (Lucyna Andrzejewka); © Topkapi Palace Museum (H.761, 133b): pp. 21, 109.

4　旧約聖書，列王記上，6: 29, 32, 35; 7: 36.
5　詩篇 92: 12.
6　雅歌 7: 6-8.
7　創世記 2: 9.
8　ヨハネの黙示録 22: 2.
9　W. F. Wigston, *Bacon, Shakespeare, and the Rosicrucians* (London, 1884), p. 97.
10　Hehn Victor and James Mallory, *Cultivated Plants and Domesticated Animals in their Migration from Asia to Europe: Historico-Linguistic Studies* (Amsterdam, 1976), p. 204で引用。
11　ベドウィーは「ベドウィン」，ネジディーは優れた品種の馬，アルメは「エジプトのプロの芸人」のこと。この詩は Samuel Zwemer, *Arabia: The Cradle of Islam* (London, 1900), pp. 121-122で引用。
12　www.roadsideamerica.com [2010年5月7日にアクセス].

第5章　デーツを求めて——俯瞰図

1　D. Milne, *The Date Palm and its Cultivation in the Punjab* (Lyallpur, 1918), p. 154.
2　Marc Beech, 'Archaeological Evidence for Early Date Consumption in the Arabian Gulf ', in *The Date Palm: From Traditional Resource to Green Wealth* (Abu Dhabi, 2003), p. 18.
3　Theophrastus, *Enquiry into Plants*, vol. II, Book 6.
4　Pliny the Elder, *Natural History*, Book XIII, chaps 6-9.
5　Daniel Potts, 'Date Palms and Date Consumption in Eastern Arabia during the Bronze Age', in *The Date Palm: From Traditional Resource to Green Wealth*, p. 45.
6　Justus Doolittle, ed., *From the Chinese Recorder and Missionary Journal* (Foochow, 1871), XXII, pp. 265-266.
7　www.lastories.com [2010年5月7日にアクセス].
8　Hilda Simon, *The Date Palm: Bread of the Desert* (New York, 1978), pp. 83-84.
9　同上，p. 89.
10　'The Story of Dates', *Periscope* (Coachella Valley Historical Society, 2007), part II, p. 37.

第6章　デーツの未来

1　Emmanuelle Landais, 'Dates Could Hold Future of Creating Local Biofuel', *Gulf News*, 2 October 2009.

Muhammad Sa'id (Karachi, 1973), p. 117.
3 Xenophon, *Anabasis* [邦訳は『アナバシス――敵中横断6000キロ』松平千秋訳，岩波文庫，1993年]，Book II, chap. 3.
4 P. B. Popenoe and Charles Bennett, *Date Growing in the Old World and the New: With a Chapter on the Food Value of the Date* (Altadena, CA, 1913), p. 228.
5 同上，pp. 260-261.
6 同上，p. 261.
7 デーツの品種を説明した最も詳しいリストは，Popenoe and Bennett によるデーツの本，*Date Growing in the Old World and the New,* (Part II: 'Date Varieties', pp. 209-297) にある。
8 Eric Hansen, 'Looking for the Khalasah', *Saudi Aramco World* (July/August 2004), p. 3.

第3章 ナツメヤシの360の用途

1 James Pritchard, *The Ancient Near East* (New Jersey, 1975), vol. II, pp. 142-145.
2 *Geography of Strabo*[邦訳は『ギリシア・ローマ世界地誌 全2巻』飯尾都人訳，龍渓書舎，1994年]，Volume III, Book XVI, Chapter 1, Section 14.
3 Henri Limet, 'The Cuisine of Ancient Sumer', *Biblical Archaeologist*, 1/3 (September 1987), pp. 133-134; Hilary Wilson, *Egyptian Food and Drink* (Buckinghamshire, 2001), p. 18.
4 Pliny the Elder, *Natural History*, Book XIV, chap. 19.
5 コーラン 19章26節。
6 S. Langdon, *Tammuz and Ishtar: A Monograph upon Babylonian Religion and Theology* (Oxford, 1914), p. 59.
7 同上，p. 62.
8 コーラン 19章23節。
9 Campbell Thompson, *A Dictionary of Assyrian Botany* (London, 1949), pp. 308-311.

第4章 デーツの輝かしい歴史

1 George Contenau, *Everyday Life in Babylon and Assyria* (London, 1954), p. 292.
2 The Electronic Text Corpus of Sumerian Literature (https://etcsl.orinst.ox.ac.uk) [2010年5月7日にアクセス].
3 C. Scott Littleton, ed., *Mythology* (London, 2002), p. 626.

引用文献と注

序章　デーツとは

1　Pliny the Elder, *Natural History*［邦訳は『プリニウスの博物誌〈縮刷第2版〉1-6』中野定雄他訳，雄山閣，2021年］，Book XIII, chap. 9.

2　同上，Book XIII, chap. 9.

3　W. F. Wigston, *Bacon, Shakespeare, and the Rosicrucians*（London, 1884）, p. 96.

4　Kelli Burton, 'Methuselah Tree Grows from Ages-Old Seed', *Boston Globe*（16 June 2008）, pp. C1-2.

5　アラビア語の「デケル（deqel）」は次第に「血統不明の苗木から育ったナツメヤシ」という特殊な意味をもつようになった。

6　Hehn Victor and James Mallory, *Cultivated Plants and Domesticated Animals in their Migration from Asia to Europe: Historico-Linguistic Studies*（Amsterdam, 1976）, p. 208.

7　E. Corner, *Natural History of Palms*（Berkeley and Los Angeles, 1966）, p. 1.

第1章　デーツが実るまで

1　P. B. Popenoe and Charles Bennett, *Date Growing in the Old World and the New: With a Chapter on the Food Value of the Date*（Altadena, CA, 1913）, p. 249.

2　Ibn Wahshiyya, *Al-Filaha al-Nabatiyya*（Nabatean agriculture）, ed. Tawfiq Fahd（Damascus, 1995）, vol. II, p. 1406.

3　George Contenau, *Everyday Life in Babylon and Assyria*（London, 1954）, p. 255.

4　Herodotus, *The Histories*［邦訳は『ヘロドトス 歴史 上中下)』松平千秋訳，岩波文庫，1971-1972年］，Book I, Section 193.

5　Pliny the Elder, *Natural History*, Book XIII, chap. 7.

6　V. H. W. Dowson and A. Aten, *Dates: Handling, Processing, and Packing*（Rome, 1962）, pp. 68-69.

7　同上，p. 217.

8　Pliny, *Natural History*, Book XIII, chap. 7.

第2章　デーツの品種

1　Pliny the Elder, *Natural History*, Book XIII, chap. 9.

2　Al-Biruni（d. 1048）, *Kitab al-Saydana*（Book of pharmacy）, ed. and trans. Hakim

参考文献

Barreveld, W. H., *Date Palm Products* (Rome, 1993)

Clark, Arthur, 'Cake for the Poor', *Saudi Aramco World* (January/February 1985), pp. 2-7

Corner, E.J.H., *The Natural History of Palms* (Berkeley and Los Angeles, 1966)

The Date Palm: From Traditional Resource to Green Wealth, The Emirate Center for Strategic Studies and Research (Abu Dhabi, 2003)

Dowson, V. H. W. and A. Aten, *Dates: Handling, Processing, and Packing* (Rome, 1962)

Hansen, Eric, 'Carrying Dates to Hajar', *Saudi Aramco World* (July/August 2004), pp. 8-9

——, 'Looking for the Khalasah', *Saudi Aramco World* (July/August 2004), pp. 2-8

Heetland, Rick, *Date Recipes* (Phoenix, AZ, 1993)

Laflin, Patricia, 'The Story of Dates', *Periscope* (Coachella Valley Historical Society, 2006-2007)

Lunde, Paul, 'A History of Dates', *Saudi Aramco World* (March/April 1978), pp. 20-23

Milne, D., *The Date Palm and its Cultivation in the Punjab* (Lyallpur, 1918)

Morton, Julia, 'Date', in *Fruits of Warm Climates* (Miami, 1987), pp. 5-11

Paulsen, Marc, *The Amazing Story of the Fabulous Medjool Date* (Bard, CA, 2008)

Popenoe, P. B. and Charles Bennett, *Date Growing in the Old World and the New: With a Chapter on the Food Value of the Date* (Altadena, CA, 1913)

Potts, Daniel, *Feast of Dates* (Abu Dhabi, 2002)

Simon, Hilda, *The Date Palm: Bread of the Desert* (New York, 1978)

Swingle, W. T., *The Date Palm and its Utilization in the Southwestern States* (Washington, DC, 1904)

Zaid, Abdelouahhab, ed., *Date Palm Cultivation* (Rome, 2002)

レシピ集

優れた主婦は，夫のために1か月間毎日異なるデーツ料理をつくれる。
――アラブの格言

デーツを味わうのに，レシピがどうしても必要なわけではない。お腹が空いたときに牛乳やバターミルク，ヨーグルトドリンクや無糖のコーヒーと一緒に食べればいいだけだ。小さくてやわらかいキュウリともよく合う。アラビア半島の湾岸地域では，選りすぐりのデーツをアラビアコーヒーに添えてお客に出す習慣がある。アラビアの伝統的なおやつと言えば，ドライデーツにクロテッドクリーム（カイマル／キシュタ）を詰めたものだろう。代わりにクリームチーズやリコッタチーズを詰めてもいい。デーツにナッツを詰めることもある。欧米ではクリスマスのお菓子として食べられるものだ。あるいはデーツを刻んでサラダやシリアルに振りかけても合う。

歴史的なレシピ

◉デーツシロップ（ディブス）

13世紀のアラブ人植物学者，イブン・バイタールは，デーツシロップの作り方を書き残した。サヤラン（浸出法）と呼ばれるコールドプレス法では，やわらかいドライデーツに重しをして自然にシロップを浸出させる。煮だし法ではデーツと同量の熱湯を用い，デーツが崩れるまで煮る。その後，液体をかき混ぜて濾し，大きな容器に入れて，夏であれば太陽に当てて水分をとばす。冬であれば，濾した液を鍋に戻し，好みの粘度になるまで煮詰める。デーツシロップは今でも同じ方法でつくられている。

イラクのユダヤ人は，デーツシロップをシランと呼び，過越祭のセデル［過越祭の祝宴］で食べる伝統的な料理，ハローセトをつくるのに使う。刻んだクルミとデーツシロップを練りまぜたものだ。伝統的に，デーツシロップはクロテッドクリーム（カイマル／キシュタ）と一緒にあたたかいパンに添えて出される。冬にはタヒニ（練りゴマ）をたっぷり垂らしたディップがおいしい。

◉デーツのハチミツ煮（ルターブ・ムアッサル）

――13世紀のアル・バグダーディの料理本に掲載されているデーツジャムのレシピ

新鮮な完熟デーツ（ルターブ）を，風通しのよい日陰に広げて1日置いておく。

種を取り除き，代わりに皮をむいたアーモンドを入れる。デーツ10ラトル（4½kg）につき2ラトル（900g）のハチミツを用意する。ハチミツにローズウォーター2ウキヤ（60g）とサフラン半ディルハム（1½g）を加えて火にかけ，煮立たせる。そこにデーツを入れ，かき混ぜながら1時間煮る。鍋を火からおろして冷ます。十分に冷めたら，あらかじめムスク，ショウノウ，カンショウで香りをつけた粉砂糖を振りかける。ジャムをガラスびんに移し，表面にも香りをつけた粉砂糖を振りかける。びんに蓋をし，冬まで開けない。（著者訳）

……………………………………………

◉デーツワイン（ナビース・アル・タムル）

中世のバグダッドでは，dadhi と呼ばれる添加物――謎めいた材料で，ホップかニガヨモギだったのかもしれない――や，さらに強い大麻やチョウセンアサガオなどを加えてさまざまなデーツワインがつくられていた。これらを加えたのは保存のためだけではなく，強いお酒をつくるためでもあった。以下に，イブン・サイヤール・アル・ワラクの料理本から，デーツシロップ（ディブス）を使った10世紀のレシピを紹介する。

デーツシロップ50ラトル（22½kg）を容器に入れる。そこに同量の水を注ぎ，日の当たる場所に20日間置いておく。5ラトル（2¼kg）の dadhi と同量のハチミツを大釜に入れ，そこに10ラトル（5リットル）の水を注ぐ。これを沸騰させ，準備しておいたデーツシロップに注ぐ。3日間にわたってこれを泡立てるようにまぜたのち，容器に泥で封をする。2か月後に容器を開けると，すばらしい果実酒ができているだろう。（著者訳）

……………………………………………

◉茹でたダチョウに添えるソース――ローマ風レシピ

古典古代の料理本『アピーキウス』（『アピーキウス・古代ローマの料理書』ミュラ・ヨコタ宣子，1987年，三省堂）より

コショウ，ミント，炒ったクミン，セロリシード，細長いデーツか丸いデーツ，ハチミツ，酢，パッスム（ブドウ酒），リクアメン（魚醤），油少々。平鍋に材料を入れて煮立たせる。でんぷんを加えてとろみをつけたものを皿に盛りつけたダチョウ肉にかけ，コショウを振る。ただし，ダチョウをソースで煮たい場合は，アリカ（エンマーコムギの粒）を加える。

現代のレシピ

◉お祝い用のナッツを詰めたデーツ

母に習ったおいしいレシピ。

種を抜いたデーツ…20個

アーモンドまたは半分に割ったクルミ…20個（炒る）
バター…60*g*（¼カップ）
小麦粉…115*g*（1カップ）
カルダモンパウダー…小さじ¼
ハチミツ…125*ml*（½カップ）
飾り用としてお好みのナッツを挽いたもの

1. 種抜きデーツに炒ったナッツを詰める。
2. 小さめのフライパンでバターを溶かし，小麦粉を加える。小麦粉が香ばしく均一に色づくまで，5分ほどたえずかきまぜながら炒める。
3. カルダモンを加える。
4. ハチミツを温めて溶かし，そのなかに詰め物をしたデーツをひとつずつ浸してから炒った小麦粉をまぶす。小麦粉はたっぷりまぶすこと。
5. 残った小麦粉を皿に広げ，その上にデーツを並べる。
6. 挽いたナッツを振りかけ，コーヒーとともに供する。

◉携帯にぴったりなデーツ菓子

現代のアラブ世界で人気の簡単なレシピ。中世には，ハイスと呼ばれ，デーツペーストと砕いたカーク（サクサクしたクッキーかビスケットの一種）でつくったものに，澄ましバターで風味をつけてあった。日持ちがよいため，アラブ人が旅行する際の食料として欠かせないものだった。興味深いことに，イスラム教以前の一部のアラブ部族はこれを変わった用途に使っていた。偶像として崇拝し，それから——空腹に耐えきれなくなると——なんのためらいもなく食べたのだ。こうした神が「営業中」に引きつけたかもしれないハエのことを考えてほしい！

このような慣習は，「ハエの王」ベルゼブブの信仰と何か関係があるのではないだろうか。

バター…60*g*（¼カップ）
種抜きデーツ…350*g*（2カップ）（きざむ）
カーク（グラハムクラッカーかダイジェスティブビスケットで代用可能）…60*g*（½カップ）（砕く）
粉末のカルダモン，フェンネルシード，コリアンダーシード…各小さじ½
お好みのナッツ…60*g*（½カップ）

1. 丈夫なフライパンを中火にかけ，バターを溶かす。
2. デーツを加えてまぜ，スプーンの背でつぶす。デーツが乾燥気味でつぶしにくかったら，少量のお湯を加えてやわらかくする。
3. つぶしながら，砕いたグラハムクラッカー，カルダモン，フェンネル，コリアンダーを少しずつ振りかける（合計7〜10分）。
4. 平らなトレーか皿に，まぜ合わせたものを約1*cm*の厚さに広げ，表面全体にナッツをしっかり押しつける。

5. 十分に冷めたら四角くカットしてできあがり。

◉デーツシェイク

オアシス・デーツ・ガーデンのウェブサイト（www.oasisdategardens.com）に紹介されているレシピをアレンジした簡単なシェイク。このサイトには興味をそそられるデーツのレシピがたくさん掲載されている。このほか，カリフォルニア・デーツ協会のウェブサイト（www.datesaregreat.com）にもデーツを使った数えきれないほどの創作レシピが紹介されている。

ドライデーツ…90*g*（½カップ）（きざむ）
牛乳…125*ml*（½カップ）
バニラアイスクリーム…アイスクリームディッシャー 3杯
お好みの香料やトッピング

1. ブレンダーでデーツと牛乳をピューレ状にし，アイスクリームを加えてなめらかになるまでまぜる。
2. 少量のローズウォーターやカルダモンパウダー，シナモンパウダーで香りをつけてもよい。きざんだデーツとナッツをトッピングしたり，少量のチョコレートソースを垂らしたりするとおいしい。

◉デーツチャツネ（約1リットル分）

ワインビネガー…125*ml*（½カップ）
オレンジジュース…125*ml*（½カップ）
水…125*ml*（½カップ）
油…60*ml*（¼カップ）
ハチミツ…60*ml*（¼カップ）
グラニュー糖…225*g*（1カップ）
ドライデーツ…180*g*（1カップ）（きざむ）
ドライアプリコット…180*g*（1カップ）
タマネギ…中1個（半分に切って薄切り）
ニンニク…1片（つぶす）
トウガラシ…4本（生のものをきざむか，乾燥したものを砕く）
ナツメグパウダー…小さじ1
コリアンダーシード…小さじ1
クミン…小さじ1
ジンジャーパウダー…小さじ1
塩…小さじ1

1. すべての材料を中ぐらいの厚手の鍋に入れる。強火で煮立たせ，約10分まぜながらグラニュー糖を溶かす。
2. 弱火にして，ちょうどいい濃さになるまで約40分煮る。

◉キューピッドのオムレツ（ふたり分）

中東の伝統的な料理。小さなグラス1杯の牛乳かニンジンジュースと一緒に食べると媚薬効果があると信じられている。
ドライデーツ…90*g*（½カップ）（き

ざむ）
バター…大さじ2
卵…3個（軽く溶きほぐす）
塩・コショウ

1. 中ぐらいのフライパンにデーツとバターを入れ，デーツがやわらかくなってキャラメルのような香りがするまで中火で炒める。
2. 卵を全体に流し入れ，卵が固まるまで丁寧に折り畳んでいく。
3. 塩・コショウを振る。シナモンを振りかけてもよい。
4. オムレツを大切な人と分け合って食べ，自分たちが築く家庭について話し合う。

●鶏肉のナッツ＆デーツ煮（4人分）

鶏肉
鶏もも肉…4本，または鶏すね（下もも）肉…8本
塩…小さじ1
黒コショウ…小さじ½
小麦粉…大さじ3
油…大さじ3

タマネギ…中1個（粗いみじん切り）
ドライデーツ…180g（1カップ）（4つに切る）
水…475ml（2カップ）
クルミパウダー…55g（½カップ）
レモン果汁…大さじ2
コリアンダーシード…小さじ1（砕く）
塩…小さじ½
黒コショウ…小さじ¼
パセリ…適宜（きざむ）

1. 鶏のもも肉またはすね肉に塩・コショウを振り，小麦粉をまぶす。
2. 大きめのフッ素樹脂加工のフライパンに油を熱し，鶏肉を両面に焼き色がつくまで約10分焼いて皿に取りだす。
3. 残った油でタマネギを透明になるまで約5分炒める。
4. デーツを加え，1分炒める。
5. 水，クルミパウダー，レモン果汁，コリアンダーシード，塩・コショウを加えて強火で煮立たせ，ときどきまぜながら5分煮る。
6. 鶏肉をフライパンに戻し，重ならないように並べる。蓋をして（またはアルミホイルで覆って），鶏肉がやわらかくなりソースに適度なとろみがつくまで弱火で約30分煮る。
7. 刻んだパセリを散らし，ご飯かクスクスを添えて供する。

●揚げ魚のデーツソース添え（4人分）

油…大さじ1
タマネギ…中1個（粗いみじん切り）
カレーパウダー…小さじ1
ニンニク…2片（薄切り）
デーツ…135g（¾カップ）（きざむ）
ザクロシロップまたはウスターソース…大さじ1

コリアンダーシード…小さじ1（砕く）
塩…小さじ1
黒コショウ…小さじ¼
水…125*ml*（½カップ）
お好みの魚の切り身…4切れ（揚げる）
ご飯…4人分

1. 中ぐらいのフライパンに油を熱し，タマネギを透明になるまで約5分炒める。最後の30秒で，カレーパウダーを加えて炒める。
2. 魚とご飯を除く残りの材料を加え，適度なとろみがつくまで（約10分）まぜながら煮る。
3. 魚を揚げる。
4. 大皿にご飯を広げてその上に魚を並べ，デーツソースをかける。

◉デーツフィリングのクッキー

イラクではクレイチャ，そのほかのアラブ世界ではマアムールと呼ばれる伝統的な焼き菓子。よく似た菓子が古代メソポタミアではクルプ，中世のイスラム教諸国でも見られた。

クッキー生地
小麦粉…350*g*（3カップ）
砂糖…大さじ1
ベーキングパウダー…小さじ½
カルダモン…小さじ½
アニスシードパウダー…小さじ½
シナモン…小さじ¼
ニゲラ（クロタネソウ）シード…小さじ¼（砕く）
塩…小さじ¼
油または溶かしバター…180*ml*(¾カップ)
水…160*ml*（⅔カップ）
卵…1個（軽くときほぐす。艶だし用）

フィリング
種抜きデーツ…350*g*（2カップ）
水…約60*ml*（¼カップ）
バター…大さじ2
シナモンパウダー，カルダモンパウダー，コリアンダーシードパウダー…各小さじ½
炒りゴマ…30*g*（¼カップ）
ローズウォーターまたはオレンジブロッサムウォーター…小さじ1

1. オーブンを200℃に予熱する。
2. 大きめのボウルで，生地の材料のうち水分のないものをすべてまぜる。油またはバターを注ぎ，生地がパン粉のようになるまで指を使ってすりまぜる。
3. 水を加え，円を描くようにまぜて水と粉をなじませる。約5分こね，成形しやすい中ぐらいの固さの生地にする。
4. フィリングをつくる。デーツ，水，バターを厚手のフライパンに入れて弱火にかけ，デーツがやわらかくなるまでスプーンの背でつぶしながら煮る。
5. 残りの材料を加えてよくまぜる。
6. クッキーを成形する。クルミ大の生地をとり，指で平らな円盤状にする。

7. 小さじ山盛り1のデーツフィリングを円盤の中央に置き，生地の縁を寄せてデーツが見えないように閉じる。
8. フィリングを包んだ生地を，木製のマアムール型（中東食材店で買える）のくぼみに入れ，よく押してから取り出す。残りも同じようにする。
9. オーブンシートにクッキーを並べ，溶き卵を刷毛で塗ってから，予熱したオーブンでこんがりきつね色になるまで15分から20分焼く。

●スパイシーデーツケーキ

種抜きデーツ…285*g*（1½カップ）
淹れた紅茶…310*ml*（1¼カップ）
油（キャノーラ油など）…125*ml*（½カップ）
グラニュー糖…350*g*（1½カップ）
卵…3個
バニラエクストラクト…小さじ1½
小麦粉…250*g*（2½カップ）
ベーキングパウダー…小さじ2
塩…小さじ½
シナモン…小さじ1
カルダモン…小さじ1
ナツメグパウダー…小さじ¼
クローブ…小さじ¼
クルミ…60*g*(½カップ）（細かく砕く）

クリーム…適宜
ヘビークリーム／ダブルクリーム［脂肪分が多い（36～48%）クリーム］…適宜
粉砂糖…適宜
ローズウォーター…適宜

シロップ
三温糖／きび砂糖…115*g*（きっちり詰めて½カップ）
ヘビークリーム／ダブルクリーム…60*ml*（¼カップ）
バター…大さじ3
粉砂糖…85*g*（½カップ）（ふるう）
バニラエクストラクト…小さじ1

1. オーブンを190℃に予熱する。
2. デーツと紅茶を小鍋に入れ，強火で煮立ててから，弱火にしてデーツがやわらかくなるまで（ただしに煮崩れないように）約10分煮る。
3. デーツを引き上げ，煮汁は別にとっておく。両方を室温まで冷ます。
4. 汁を切ったデーツをきざみ，煮汁は全体が160*ml*（⅔カップ）になるように水を加える。
5. 大きなボウルに油，グラニュー糖，卵，バニラエクストラクトを入れ，2分まぜる。
6. 小麦粉，ベーキングパウダー，塩，スパイス類を合わせてふるい，デーツの煮汁と交互に2回に分けて5の卵液に加え，まぜる。
7. クルミとデーツを加えて混ぜる。
8. 生地を直径23*cm*の丸い焼き型ふたつに分け，表面が固まるまで40分焼く。
9. 10分休ませてから，逆さまにして

ケーキクーラーで冷ます。
10. 完全に冷めたら，ケーキをそれぞれ半分にスライスする。
11. 粉砂糖で控えめに甘みをつけ，ローズウォーターで香りづけしたヘビークリーム／ダブルクリームを泡立て，各層に塗る。一番上にはクリームを塗らず，次のシロップをかける。
12. 小さめのソースパンに砂糖，クリーム，バターを入れる。中火で煮立て，かきまぜて砂糖を溶かす。
13. 弱火にして約2分煮たのち，室温まで冷ます。
14. 粉砂糖を入れてまぜ，さらにバニラエクストラクトを加えてなめらかになるまでまぜる。固すぎず，ゆるすぎない濃度にし，すぐにケーキにかける。

ナワル・ナスラッラ（Nawal Nasrallah）
バグダッド生まれ。米国在住の料理研究家、料理史家、英文学者、アラビア語から英語への翻訳家。バグダッド大学で学び、英語と比較文学で修士号を取得。古代メソポアミアの食事や、エジプトに伝わる14世紀のマムルーク朝時代のレシピを翻訳、研究。著書に、*Delights from the Garden of Eden: A Cookbook and a History of the Iraqi Cuisine*、*Annals of the Caliphs' Kitchens: Ibn Sayyar al-Warraq's Tenth-Century Baghdadi Cookbook* がある。彼女のレシピは、『ニューヨーク・タイムズ』、『グローブ・マガジン』、『フード＆ワイン』などの出版物で紹介されている。

野村真依子（のむら・まいこ）
英語・フランス語翻訳者。東京大学文学部卒、同大大学院人文社会系研究科修士課程修了（美術史学専攻）。訳書に『カバノキの文化誌』（原書房）、『フォト・ドキュメント 世界の母系社会』（原書房）、『アートからたどる悪魔学歴史大全』（共訳、原書房）、『こころを旅する数学』（晶文社）などがある。

Dates: A Global History by Nawal Nasrallah
was first published by Reaktion Books, London, UK, 2011, in the Edible Series

「食《しょく》」の図書館《としょかん》

デーツの歴史《れきし》

●

2023年12月22日　第1刷

著者……………ナワル・ナスラッラ
訳者……………野村真依子《のむらまいこ》
装幀……………佐々木正見
発行者……………成瀬雅人
発行所……………株式会社原書房

〒160-0022 東京都新宿区新宿1-25-13
電話・代表 03(3354)0685
振替・00150-6-151594
http://www.harashobo.co.jp

印刷……………新灯印刷株式会社
製本……………東京美術紙工協業組合

ISBN 978-4-562-07356-6, Printed in Japan